ハリウッド「赤狩り」との闘い

『ローマの休日』とチャップリン

吉村英夫
Hideo Yoshimura

大月書店

友　東　卓治へ

君あしたに去《さり》ぬゆふべのこゝろ千々《ちぢ》に
何ぞはるかなる
君をおもふて岡のべに行《ゆき》つ遊ぶ
をかのべ何ぞかくかなしき

（与謝蕪村）

目次

第四章　ワイラー、絶望の三部作から希望の「ローマ」へ……141

第五章　ヘプバーン、そしてトランボの栄光……209

第一章

チャップリンと『ローマの休日』

1　チャップリンの追放――一九五二年夏

一九五二（昭和二七）年九月一七日、ニューヨーク。チャールズ・チャップリンは、彼自身が原作、脚本、作曲、監督、主演の新作映画『ライムライト』のプレミア試写会を一〇月一六日にロンドンで行うことにして、クイーンエリザベス号で出港した。

『ライムライト』はロンドンが舞台のラブストーリーである。喜劇王として世界に名をとどろかせているチャップリンは、六三歳になった今、みずからの母国で、それも生まれた地のロンドンで、「いままでのどの作品よりも確信を持」（『チャップリン自伝』、中野好夫訳、新潮社、一九六六年）つことができる自信作『ライムライト』の初公開をしたかった。むろん、アメリカ映画なのだから、ロンドンの次は、ニューヨークのアスター劇場で一〇月二三日から一般公開することが決まっている。

チャップリン夫人・ウーナは、夫の母国イギリスへの旅行を、少しゆったりしたものにしたいと思っていた。子どもの多い一家が、雇い人たちも伴ってアメリカをあとにしたのである。

だが、このアメリカからの出発は、チャップリンにとって二〇年間におよぶ、長すぎる「旅」となった。あるいは「亡命」と言い換えてもよい。要するに、アメリカ側からいえば、「追放」であり、チャップリンにとっては、四二年間も住み慣れた、第二の故郷アメリカへの「決別」である。

出港二日後、アメリカ司法長官がチャップリンの帰国禁止令を発表する。アメリカに帰って来れば、ただちに拘束する、と。なぜか。チャップリンは、アメリカにとって国益に反する人物というのがその理由で、要するに、国外追放である。なぜ国益に反するのか。彼は、反戦平和思想の持ち主であり、彼の映画はアメリカにとって有害であり、国民を国家意志とは逆の方向に向かわせる危険があるからだという。

『チャップリン自伝』では、アメリカには帰ってこられないかもしれないという予感があったことがうかがえる。なぜか。彼のもとに、アメリカに帰ってくるときの「再入国許可」の書類がなかなか送られてこなかったからである。彼の国籍はイギリスであった。だから、アメリカの地を踏むときには、帰国ではなく「入国」の許可証が必要で、役所で手続きをしなければならない。これまでの度々の外国旅行の際には、かんたんに許可がおりていた。だが今回は認可が出ないので催促すると、役所から「お宅にお邪魔する」との返事がきた。四人もの役人が、ぞろぞろとチャップリンのもとにやってきた。すぐさまテープレコーダーを置いて、氏名を確認したあと、唐突な質問をはじめる。以下、『自伝』からである。

「かつて一度も共産党員だったことはないとおっしゃってますね？」

「その通りです。いかなる政治組織に所属したこともありません」

以下、問答のあらまし。

役人「いつか演説のなかで〈同志諸君〉という言葉をお使いになったことがありますね」
チャップリン「文字通りの同志ですよ。なんだったら辞書を引いてごらんなさい。なにもこれは共産主義者だけの専売特許じゃないはずです」
そこで突然、役人の問いかけの内容が変わる。
「姦通の経験はありますか?」

なんとも陳腐というか、レベルの低い挑発だが、(チャップリンには「女性問題」があった)

チャップリン「姦通の定義から伺いたいもんだね」
役人「あなたはいまだにアメリカ市民じゃない」
チャップリン「それがいけないという法律はないでしょう。ただし税金は払ってますよ」
自分が高額納税者なのだという皮肉である。だが役人はひるんだりはしない。
役人「しかし、なぜ共産党の線に同調されるんです?」
チャップリン「そもそもその共産党の線というのはなんですか? それさえ説明していただければ、同調しているかしていないか、お答えしましょう」

ジョセフ・マッカーシー上院議員（1954年）

要するにいやがらせである。この問答から、これから述べる「赤狩り」のおおよその正体がわかる。とんでもないインチキである。いや、ここで突然に「赤狩り」などという、本来ならもう死語になっていてもよい言葉をもってきて、「正体がわかる」といわれても、一部の読者を除けば理解不能かもしれない。「赤狩り」とは、もっとアメリカ史的な言葉を使えば、「マッカーシズム」と呼ばれる、第二次世界大戦後のアメリカ国内を一種のヒステリー状態におとしいれた反共産主義政策の通称である。

戦後日本でも同じような政策がすすめられ、「レッドパージ」とも呼ばれている。アメリカでは、その主導者であった共和党所属の連邦上院議員ジョセフ・マッカーシー（一九〇八〜五七）にちなんで「マッカーシズム」と名づけられた。

「一九五〇年二月九日、マッカーシーはウエストバージニア州のウィーリングで演説をし、……国務省には共産主義者がうようよしており、自分も国務省長官もその名を知っていると言った。後日、マッカーシーは共産主義者が二〇五人と言ったか、八一人、五七人、それとも〈多数の〉と言ったかということで若干の論争があったが、……数はどうでもよかった」（R・H・ロービア『マッカーシズム』宮地健次郎訳、岩波文庫、一九八四年）。

チャップリンなど共産主義者でない者や、民主的な、あるいは反戦的発言や行動をする者が、異端分子として米国社会からはじき飛ばされつつあった。第二次世界大戦中にルーズベルト大統領のもとで推し進められた、富の国民への再配分を含めた革新的ニューディール政策で、積極的な推進役を務めたのが民主党リベラル、いわゆるニューディーラー（ニューディール政策推進者）であった。だがルーズベルトが大戦終結直前の一九四五年四月に死去し、戦後、共和党右派のなかにニューディーラーへの不満が根底にあって、それへの意趣返し＝リベンジが「赤狩り」となって集中的に表れたと理解する説もあるようだ。それが「アメリカが生んだ最も天分豊かなデマゴーグ」のマッカーシーに操られてたくさんの悲劇が生まれていった。

本著のひとつの中心になる『ローマの休日』の監督ウィリアム・ワイラーのような映画界の民主的ジェントルマンにも圧力がかかり、自覚的なアメリカ民主党支持者のハンフリー・ボガートなどにも反共思想が吹き込まれた。こうして、常軌を逸した旋風が、多くのアメリカの良識的な人々の思想と生活を脅かしていくことになるのである。

さて、チャップリンである。彼のもとにやってきた役人は、結局のところ、マッカーシーが牛耳る米下院議会の「非米活動委員会」の意向を受けた出張尋問的な役割をもっていた。そこでチャップリンは次のようにも答えている。

「私は共産党員でもなければ、かつていかなる政党、ないし組織にも所属したこともない。わたしはあなた方のいわゆる〈平和論者〉という奴にすぎぬ」

アメリカの支配層は、チャップリンが共産党員でないのを百も承知していただろう。支配層は、一握りの共産党員ではなく、市民的〈平和論者〉を標的にしていたのである。その象徴的人物がチャップリンである。政府はチャップリン逮捕という強行手段はとりたくなかった。あまりにも有名人であり、存在が大きすぎる。その影響力は計り知れないから、故国イギリスに出発するのを待って、アメリカに戻るのをやめさせるのが賢明であるという判断をしたのだ。実に姑息《こそく》なやりかたである。チャップリンは、アメリカに来てから長年月がたっている。ハリウッドで世界的な映画人になったのだから、アメリカが母国といってもよいのに、彼はアメリカの国籍を取得せずに、ずっとイギリス国籍のままであった。

アメリカ政府にとって、この点は都合のよいことだったであろう。チャップリンがアメリカ国籍をとることを、アメリカの多くのファンは望んできたが、そしてアメリカ国民の誇りにしたかっただろうが、どうしたことか、彼はアメリカに国籍を移そうとしなかった。

チャップリンが再び、アメリカの土をふむのは、二〇年後の一九七二年である。アカデミー特別賞を授与するからと、アカデミー協会がスイスに居をかまえたチャップリンに招待状を送り、彼がその招待をうけた時である。アメリカ政府は、みずからチャップリンに二〇年前の非礼をわびることをしたくなかったのだろう、あるいは国家のメンツというものも考えたのだろう、アカデミー賞の授賞を静観した。こうすることで、政府は謝罪をしないまま、チャップリン追放の撤回を穏便に果たすことができるからだ。

アカデミー賞を「エサ」のようにチャップリンにつきつけて、彼をアメリカに来させた、いや、来てもらったのである。アメリカが心配した渡米拒否はなかった。彼はアカデミー協会に承諾の返事をし、アメリカに悠然と「帰った」のである。愚痴やイヤミはいっさい言わなかった。大好きなアメリカに来たかったことも確かである。妻のウーナはアメリカへの里帰りもしたかったろう。それに、もうすでに狂気の「赤狩り」は終わっていた。

「マッカーシズム」は、一九五四年一二月にマッカーシーが、議会から譴責《けんせき》処分を受けることでひとつの区切りがついた。アメリカ議会は、あまりにも執拗で、攻撃的で非人間的な「赤狩り」のやりかたをこれ以上見すごすことができなくなっていた。ほかならぬ共和党議員から譴責発議が出されて、上院で賛成六七、反対二二で可決された。こうして、マッカーシーはアメリカの政治の舞台から追放状態になる。そして一九五七年の彼の死によって、マッカーシズムはアメリカで、ほぼ市民権を失う。だが、その余波までがなくなったわけではない。後の大統領リチャード・ニクソンなどは、マッカーシーのもとで育ってきた政治家であることを忘れてはならない。当時は俳優で、やがて大統領になるロナルド・レーガンも赤狩りには協力し、やがて共和党の保守政治家になっていった。

ともあれアメリカの国民は、荒れ狂った反共＝反民主主義の嵐をやっと封印することができた。しかし、アメリカは大きく傷つき、失ったものは多いといわなければならない。

アカデミー特別賞を受賞するチャップリンを、アメリカ国民は熱烈に歓迎した。だが、ハリウッドに凱旋したチャップリンは、もう八三歳になっていた。当時の映像が残っているが、その老いは蔽うべくもない。五年後の一九七七年、チャップリンは八八歳でその生涯を閉じる。

一九四七年頃からはじまったアメリカの「赤狩り」は、ハリウッドの映画界においてもっとも顕著に集中的に荒れ狂った。反共を盾にして、左翼思想や反戦主義者、ひいては憲法擁護派のリベラルな人たちをも「ブラックリスト」に載せて、排除しようとするヒステリックな旋風が吹き荒れた。映画はアメリカの大衆に愛されているが故に、その影響力も強い。映画好きなアメリカ人を、「赤」の思想で染められてはたまらない、映画は、国民を反政府的な思考に傾かせるだけの力をもっているから恐ろしい、と支配層は考えた。さらに忘れてはならないのは、映画スターたちが、マスコミを通じて、国民の前で反ソ反共であることを発言して見せたならば、その影響力は絶大なものがあろうとの計算もあった。

二一世紀的な言葉をつかえば、「劇場型」の世論操作である。同じような影響力をもつテレビも赤狩りの舞台になって、アメリカ社会全体が大きな渦にのみこまれていった。

マッカーシズムは、現在の日本にとって他人事《ひとごと》ではないという直感が私には働く。本稿では一九四〇年代後半から五〇年代にかけて、ハリウッドの映画界で猛威をふるった「赤狩り」の実相をたどっていきたい。映画を愛し、映画史を学ぶ者として、また人間が生んだもっともすぐれた価値観のひとつが民主主義であると教えられて育った戦後世代の一人として、マッカーシズムとアメリカ映画界について考察し、半世紀前のアメリカの狂気を振り返ることは、今日の日本社会と民主主義のありようを考えるうえで意味のあることであろう。

2 『ローマの休日』ただいま撮影中——一九五二年夏

一九五二年初秋、チャップリンが大西洋を船で渡る準備をしていた頃。やがてトップスターになるオードリー・ヘプバーンは、ローマで『ローマの休日』の撮影に参加していた。この映画は、ローマでつくられているがアメリカ映画である。

アメリカ映画界の巨匠ウィリアム・ワイラー監督がこの映画のメガホンをとっている。撮影はすでにたけなわだったが、例年になく暑い夏で、「終生忘れがたい」と言った女優がいたほどの猛暑だった。ワイラーが夏帽子の下にタオルをあてているスナップが残っているが、そ

ヘプバーン『ローマの休日』の冒頭接見シーン
(写真：川喜多記念映画文化財団)

の暑さから、よくぞ、かくもすがすがしいラブストーリーが生まれたものだと驚く。撮影隊は暑さから逃れることもできず、炎天下のロケで、しかもバリー・パリスの『オードリー・ヘプバーン』（永井淳訳、集英社、一九九八年、以下『ヘプバーン伝』と記載）によると、たとえばスペイン階段下は一万人ものロケ見学者で埋まったようで、警察官が出動するほどのさわぎだったという。ヘプバーンは無名の新人女優だから、彼女が目当ての見学ではない。グレゴリー・ペックは売り出し中であるから騒がれたであろうが、アメリカ映画が大々的なロケをすることが当時はまだ稀なことで、評判になったのだろう。

ヘプバーン＝アン王女が、スペイン階段でジェラートを食べるシーンなどは、バックを歩くエキストラは、なんども繰り返しをさせられ、今で言う熱中症にかかるほどだったという。B

ヘプバーンとグレゴリー・ペック『ローマの休日』のスペイン階段の時計

&Wのスタンダードサイズの映画を、今ならDVDでどのシーンでも画面を静止させて、確かめてみることができる。後ろを歩いているエキストラが、次のカットではいなくなっていたりする。どのように撮影されたのだろう。

スペイン階段の最上段にあるトリニタ・デイ・モンティ教会にかかる時計が画面のバックに映しだされている。映画のなかの時間では三分強のシーンであるが、映っている時計の針は、

一二時三〇分
一三時四〇分
一四時四五分
一一時二五分
一五時五〇分

となっている。時間がばらばらで、二日間にまたがって撮影しているかもしれない。

バックの雲のあるなしとか、人影の方向のち

がいとか、ヘプバーンの持つソフトクリームの減り具合とかもなかなか微妙で確認しにくいが、ばらばらに撮影していることはわかる。ヘプバーンを階段の上から撮ったショットなどは、あきらかにちがう時間に、それだけを抜き撮りしているように思える。映画は、どのように撮影しても編集で調整して、時間と空間を自由につなぐことができる。

アン王女は同じブラウスとスカートを一日中、ローマの街で身につけている設定だが、たぶん同じ物が一〇着くらいは用意されていたのではないか。同じシーンでも袖のまくりかたが明らかにちがうし、半袖シャツを着ている場面もある。花を買うシーンはブラウスの襟を閉じているが、直後の階段シーンでは襟が開いている。微妙な不整合がある。

ウィリアム・ワイラー監督は、数年後にアメリカ映画史で画期的な超大作『ベン・ハー』（一九五九年）を、同じくローマでロケもまじえて演出したことで、さらに有名になる。ワイラーは、「撮り直し」の多い名匠であった。「もう一度、もう一度」とやり直しを命じて、撮り直した。フィルムの時代だから、撮り直しは経済的なロスが大きい。やり直しのたびにスペイン階段を歩くエキストラは炎暑のなかを同じことを繰り返させられたという。撮影隊のスタッフもがんばった。

日本では小津安二郎が、笠智衆などに何十回も演技仕草のやり直しをさせている。小津の場合は、フィルムを入れずにカメラをまわしてリハーサルを繰り返した部分もあるが、ワイラーはフィルムを入れての撮り直しだったのだろうか。フィルムの高価な時代である。そう、予算の関

『ベン・ハー』のチャールトン・ヘストン（写真：川喜多記念映画文化財団）

係で、『ローマの休日』はカラーでの撮影は認められなかった。ワイラーは、戦時の記録映画をカラーで撮っている以外はまだカラーでドラマを撮っていなかった。低予算映画ではないにしろ、大作ではなかったし、後述するがワイラーには製作会社のパラマウントに強行にカラー撮影を要求することができない事情があった。それでも撮り直しは大物監督だから許されたのだろう。今では観光名所になっている「真実の口」で、ヘプバーンがだまされて、グレゴリー・ペックと思わず抱き合う楽しいシーンは、ワイラーが即興でシナリオに書き加えてのぶっつけ本番で、リテイク（撮り直し）がなかったという。余分ながら、「真実の口」シーンは、ワイラーが独自につけ加えたとされる。この物語の主人公男女はそれぞれの身分に「ウソ」をついているのだから、「真実の口」エピソードに

ヘプバーンとグレゴリー・ペック『ローマの休日』「真実の口」のシーン

は、この映画の根幹にかかわる寓意が込められているのである。

　ワイラーの撮り直しの悪口をいうアメリカの映画人もいる。撮影した、そのカットが成功したかどうかの判断が下せない優柔不断な監督だったと。それはまちがいである。撮り直しが多い監督がすべてダメ監督なら、小津や溝口健二の「撮り直し魔」の偉業を評価できなくなってしまう。溝口健二についてては、あまりにもやり直しの指導が俳優に対してサディスティックで、俳優がかわいそうだと、共演していた同僚役者が決死の覚悟で抗議したという伝説が残っているほどだ。

　ともあれ、微妙な演技の質を、この巨匠たちはきちんと見ることができた。ワイラーのワンカット、ワンカットは、計算されつくしている。『ローマの休日』のラストの王女の会見シ

ヘプバーン『おしゃれ泥棒』(写真：川喜多記念映画文化財団)

ーンなどは、人と人との気持ちの交流が、さらには友情のかけがえのなさ、揺るぎない人間信頼の思いが、無言のなかに余韻をもって完璧に写し撮られている。ラストの一〇分余は、誰もが認める名場面である。撮り直しが多かったかどうかは知る由もないが、映画史に残るものになったことは確かである。

ワイラーは、その後、『必死の逃亡者』(一九五五年)、『友情ある説得』(一九五六年　初めてのカラー劇映画)、『大いなる西部』(一九五八年)、『噂の二人』(ヘプバーン主演　一九六二年)、『コレクター』(一九六五年)、『おしゃれ泥棒』(ヘプバーン主演　一九六六年)、『L.B. ジョーンズの解放』(一九七〇年)、そして前述の『ベン・ハー』など、名作の誉れ高い映画を演出して、その声価はますます確固たるものになる。

『ベン・ハー』は、アカデミー賞の一一部門で候補に入り、受賞は一一部門で、歴史的な記録であった。永い間、最多記録を保っている。その後、『タイタニック』（一九九七年）、『ロード・オブ・ザ・リング／王の帰還』（二〇〇三年）が同数で、タイ記録である。ジョン・フォード（『駅馬車』など）、フランク・キャプラ（『或る夜のでき事』など）、アルフレッド・ヒッチコック（『北北西に進路を取れ』など）、ビリー・ワイルダー（『七年目の浮気』など）、ハワード・ホークス（『リオ・ブラボー』など）たちと並ぶアメリカ映画界の重鎮である。頑固だが、誠実な良心派であり、『ベン・ハー』のような超大作も撮れるが、文芸物を得意とするリベラルな映画人である。ハリウッドきっての紳士であるともいわれた。

3　ヘプバーン登場

そのワイラーが、なぜ、この時期に『ローマの休日』をローマで撮影していたか。実は偶然とか、題名に「ローマ」とあるからイタリアでなければ、といったことだけで説明がつく話ではない。アメリカを離れて撮影することが決定的に重要だったのだ。

この映画は、『ローマの休日』であって、『ニューヨークの休日』や『サンフランシスコの休日』ではない。大事なのは、海を越えたローマで作られた作品であるということである。普通なら、外国でロケをしても、室内場面は、ハリウッドに帰ってきて、設備が整い、撮影所の職人が作ったセットで撮影するものだが、『ローマの休日』は、ローマにあるチネチッタ撮影所でセット撮影もすべてすませた。ワンカットといえどもハリウッドでは撮っていない。新聞記者ジョー・ブラッドレー役のグレゴリー・ペックのアパートのシーンは、八回も出てくるが、合計で二五分ほどにもなり、全体の五分の一強の時間を占める重要なセットなのに、それらもすべてチネチッタで撮影された。その他、フィルムの現像や編集、録音、音楽など、撮影修了後の（いわゆるポスプロ）全作業もチネチッタで行っている。

映画の最初にスタッフ、キャストの名前がでるが、そのなかに「この映画は、撮影、編集のすべてをイタリアのローマで行った」とある。映画の冒頭に、このような注釈がはいるのは異例であるが、これも、この映画を検討していく場合、重要なことである。

なぜすべてをイタリアでこなしたのか。純粋のアメリカ映画なのにオール海外でなければならなかったのか。戦前のワイラーの名作とされる一九三六年の『孔雀夫人』は、ほとんど全編がナポリ、パリ、ロンドンなどヨーロッパが舞台なのにまったくロケをしていない。風景だけを撮影してきて、すべてハリウッドで撮っている。それがアメリカ映画の方式だった。

なぜ、ハリウッド映画なのに、それまでなかったような、ヨーロッパオールロケ映画にしたのか。それはワイラーが、チャップリン同様に、政府から「少し」にらまれていたからである。疑いの目でみられていたと言ったほうがよいかもしれない。いや、それ以上に『ローマの休日』の制作には複雑な裏事情があって、ワイラーは危険な映画づくりを試みて、ローマに「逃亡」して制作していたのである。えっ、『ローマの休日』が危険な映画なのか？　そう、ハリウッドでは

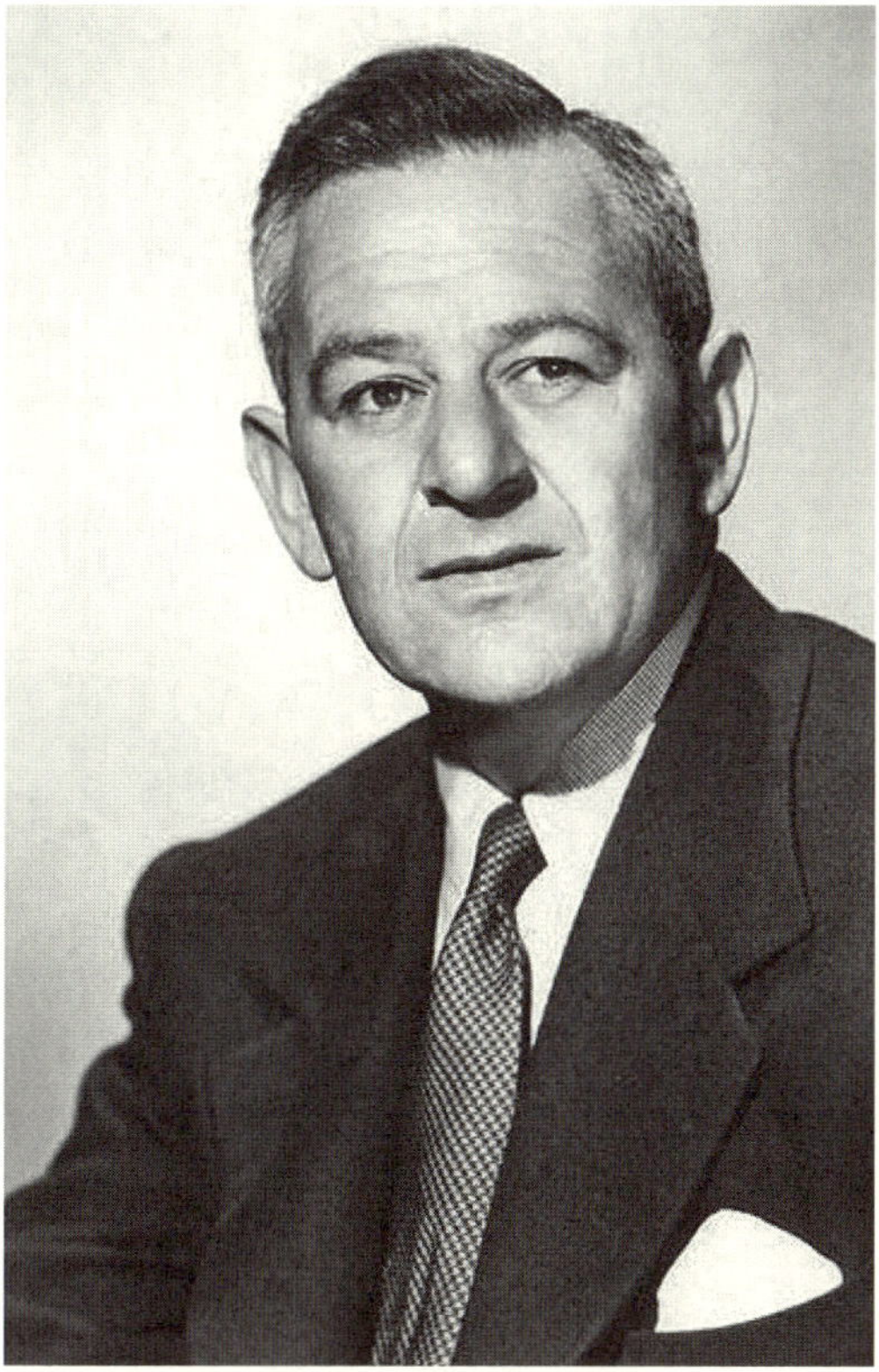

ウイリアム・ワイラー監督（1902～1981）

撮れなかった「危険な」映画なのである。これも「赤狩り」と深く関連している。

『ローマの休日』のシナリオを書いているのが、「非米活動委員会」、すなわち「マッカーシズム」の時代に「赤狩り」の調査や聴聞会や尋問をやっていたアメリカの政府機関に反旗をひるがえしている戦闘的映画人であり危険人物だったからである。ハリウッドのブラックリストに載せられていて、大手映画資本からシャットアウトされている脚本家が、この『ローマの休日』のシナリオを書いた。それは何者か。チャップリン、ワイラー、ヘプバーンとともに、本書の最重要登場人物の一人であるダルトン・トランボである。

この四人のうち、ヘプバーンをのぞいた三人は、ハリウッドの映画資本とアメリカ政府筋から、強弱の差はあるが、にらまれていた。ハリウッドの「赤狩り」で、共産主義者、反戦主義者、戦闘的リベラル、要注意人物と、差はあるものの、ねらわれていた。ダルトン・トランボはハリウッドの大手映画会社ではシナリオを書かせてもらえなくなっていた。ワーナー映画などの大きな撮影所はすべて入所禁止、シャットアウトされていた。そのため小さなプロダクションの映画のシナリオを、安い原稿料でしかも偽名で書くことによって生計をたてていた。

トランボは、ハリウッドを代表する脚本家で、大変な力量をもっている。そのトランボが、久しぶりにしかし力をこめて内密に書いたシナリオが『ローマの休日』だった。たぶん舞台になる場所は不定で書かれ、タイトルに「ローマ」はなかったはずである。それを以前からトランボた

トランボと妻

ちの反「赤狩り」運動に協力的であり、自身も友人であったウィリアム・ワイラー監督が引き受けた。ダルトン・トランボを危険人物だと承知しておりながら協力し、映画化することになったのだ。

　だがハリウッドでは、トランボのことがバレたら危険である。アメリカで撮影するのは無理だと判断せざるをえなかった。ワイラー監督も必死だった。アメリカを逃れてローマでつくることにしよう。それが安全だ。前掲『ヘプバーン伝』には「ワイラーが一九五一年にこの脚本を読んで、ローマでロケーション撮影をするという条件つきで自分がやりたいとパラマウントに申し入れた」と記したうえで、さらにまた「パラマウントはこの映画をローマ・ロケで撮りたいという彼（ワイラー）の要求」があったと念を押す一節がある。この繰り返しはかなり意味深長と言わざるをえない。『ローマの休日』は、当時の政治情勢とのかかわりで、「ランナウェー映画」＝runaway、つまりハリウッドから「逃げる」ことで作られた「逃亡映画」のひとつだともいわれている。

オードリー・ヘプバーンも本書の重要な登場人物である。

ヘプバーンは、『ローマの休日』の製作に裏事情があるのを知らなかった。彼女にかんする諸文献を読んでも一切の記述がないからたしかであろう。ヘプバーン自身、そういうハリウッドの映画事情に無縁のオランダ育ちのイギリス人である。（正式にはオランダ女性が母親で、父親はイギリス人で、ベルギーに生まれている。国籍はイギリス）。オランダからイギリスに出て来て、バレリーナを志望してがんばるが、夢は実現しなかった。第二次世界大戦勃発で、成長期にレッスンを受けることがままならず、落ちこぼれ、戦後、諦めてミュージックホールのバックダンサーから、映画界入りをして脇役から出発した。戦争のためにバレリーナになれなかったことが、ヘプバーンを映画スターにしたのである。なんとも皮肉な話である。

それでも少しバレエができることから、いい役をもらえることもあった。小さな役でモンテカルロのロケに参加しての撮影中、たまたまフランスの国民的女性文学者ガブリエル・コレットに見出され、コレットの芝居『ジジ』の主役に抜擢されたのがスターダムへ登りつめる出発準備になった。私などの世代の映画ファンは、コレット原作『青い麦』（クロード・オータン＝ララ監督、一九五三年）を観て、性のめざめの鮮やかさに目をみはったものである。エドウィジュ・フィエールという女優を知り、その洗練された官能性に魅せられもした。

少しデータを『ヘプバーン伝』などから並べてみることにしよう。ヘプバーンが、アメリカに渡り、ブロードウェイでの舞台劇『ジジ』で主役を演じるのは、

一九五一年一一月二四日〜一九五二年五月三一日（二一七回公演とある）。

ワイラーは、このころに、オードリーに注目したようで、彼女が、『ローマの休日』のためにロンドンで受けたフィルム・オーディションが、

一九五一年九月一八日

であり、ワイラーは、このフィルムをローマで見て、すぐさま王女役に決定する。ワイラーはジーン・シモンズを考えていた時期もあったとされる。彼女は後年、ワイラーの大作『大いなる西部』でグレゴリー・ペックと共演する。エリザベス・テーラーとケーリー・グラントのコンビという案もどこかで考えられていたといわれている。

オードリーは、『ジジ』のアメリカ地方公演の予定がすでに組まれていた。それは一九五二年一〇月三〇日〜五三年五月一六日。だとすると、オードリーの体が空いているのは、次の期間である。

一九五二年六月一日〜五二年一〇月二九日

前後一週間は移動期間。船だと二週間はかかる。この間に、オードリーは、ローマに渡り、

ヘプバーンとH・ボガート『麗しのサブリナ』(写真：川喜多記念映画文化財団)

『ローマの休日』の撮影に参加した。この五か月のうちにすべてを済ませてアメリカの舞台にもどったことになる。猛暑のローマでロケとセットでがんばったオードリーの様子は、オードリーの伝記で知ることができる。

チャップリンがニューヨークを出港したのは、一九五二年九月一七日。

まさにチャップリンがアメリカを去るその日、オードリーは、ローマで撮影に参加していたことになる。ロケかセットかまではわからないが、撮影は、もう後半に入っていたと推測できる。

ともあれ、ヘプバーンは、一九五三年の五月、『ジジ』の地方巡業が終わると、もう九月から次の『麗しのサブリナ』(一九五四年)の撮影にかかっているから、『ローマの休日』の撮影中に次作が決定していたことになる。彼女の将来は、『ローマの休日』公開前から早くも約束されていた。そして、『麗しのサブリナ』も巨匠ビリー・ワイルダー監督作品である。ワイルダーもまたヘプバーンの魅力を見ぬいていた監督のひとりである。「この娘はふくらんだ胸の魅力を過去のものにしてしまうかもしれない」と喝破した。マリリン・モンローが「ふくらんだ胸」を象徴する同時代人であることは誰もが知っている。『ローマの休日』日本公開二か月前に来日したモンローに、ファンは殺到した。

『ローマの休日』のアメリカ封切りは一九五三年八月二七日、ニューヨークのラジオ・シティ・ミュージックホールである。もう、大スターの道をまっしぐら。『麗しのサブリナ』は、自動車運転手の娘が大企業の社長（ハンフリー・ボガート）と結ばれるというシンデレラストーリーだが、まさにそのとおり、オードリー神話が形成されていく。ヘプバーンがアカデミー賞を受賞するのは、一九五四年三月。授賞式はロサンゼルスであるが、ヘプバーンはブロードウエイで次の芝居『オンディーヌ』にでていたから、ニューヨークの特別会場でオスカーをうけとっている。スター誕生の典型的な道を驀進していたのである。

ヘプバーンは、『ローマの休日』の裏に政治がらみの事情があることなどは知る由もなかっただろう。だが、ヘプバーンもまた第二次大戦で過酷な体験をし、戦争の惨禍をくぐってきている。対独レジスタンス参加の経歴もある。晩年にユニセフ（国連児童基金）の社会的奉仕活動に参加する素地はオードリーの少女期の体験にあるのだが、それらについては後述することにして、次章はチャップリンの話の続きから。

第二章 絶対平和を求めて

1 最後の傑作『ライムライト』

『ライムライト』（一九五二年）には、政治的なものはない。チャップリンは長い映画歴で、老いを初めて映画の中心的テーマとした。政治的というか現代文明についての風刺に満ちた関心は、のちの上出来とはいえない『ニューヨークの王様』（一九五七年）にあふれでている。後述するが、赤狩りがテーマになっているのだ。だから社会性が枯れてしまったわけではないのに、『ライムライト』では、まるで自分自身と重ね合わせたような老喜劇役者を主人公にし、若い踊り子の娘に純愛をささげるストーリーをつくっている。社会と政治を語ろうとはしない。なのに「赤狩り」に巻き込まれるのは皮肉である。

ガス自殺しようとしたバレリーナ志望の若い娘テリー（クレア・ブルーム）を助けた老いた芸人カルベロ（チャップリン）が、やがてこの貧しいバレリーナに恋をする。しかし彼女はカルベロを愛しながらも、いつかその思いを超えて自立し、若い恋人を見つけて一流のバレリーナになって巣立っていく。若者にテリーを托し、みずからを失恋に追い込んだカルベロは、踊り子の初主演舞台での成功を見ながら寂しく、しかし喜びをも噛みしめて死んでいく。その死を知らずに、テリーは無心に舞台で踊り続けている。すばらしいラストである。チャップリン作曲の「テリーのテーマ」は哀愁をたたえた名曲で、すすり泣くような旋律が、大きな感動を呼んだ。

チャップリンとクレア・ブルーム『ライムライト』

若さが老いを追い越していく。その交差する瞬間をドラマとして可視化できれば傑作となる。『ライムライト』は、それを説得的な映像にできたから、古典として確固たる位置を占めることができた。老いは消え、若さに代わる。人間の歴史が永遠にくりかえす真理を、チャップリンは、喜劇づくりから一転して、メロドラマ風に描いている。ありきたりの愛の物語だが、冴えたチャップリンの自作自演で見ちがえるような珠玉になった。

すばらしいセリフ、まるで詩人の編み出す言葉のように香気ただよう文学的な言葉があふれる。初期のチャップリンは、トーキーに反対だった。映画は映像だから、言葉は邪道だという哲学だった。要するに映画はパントマイムでこそ純粋性を保てると考えていた。だが、たとえば、若いテリーをカルベロが励ますシーンの次のような会話は、もう詩人の言葉である。

テリー「世の中のことが何もかも無駄のように思われてきたの。花をみても、音楽を聴いても何の目的もない、無意味なように思われたの」

カルベロ「意味を求めたってはじまらないよ。人生は欲望だ、意味などどうでもいい。すべての生き物の目的は欲望なのだ。それぞれ欲望があるから、バラはバラらしく花を咲かせたがるし、岩はいつまでも岩らしくありたいと思って頑張っているんだ。そうだ、人生はすばらしい。恐れの気持ささえもたなければだ。何よりも大切なのは勇気だ。想像力だ」（桑原武夫編『一日一言』岩波新書、一九五六年）

極貧から這い上がり、努力を重ねたチャップリンの人生哲学を詩的な言葉で表している。

テリーが恋する若者を演じるのがチャップリン自身の息子（シドニー・チャップリン）であるのもせつない。私は担当する大学の「映像論」講座で毎年、『ライムライト』を見てきたが、この老チャップリンの失恋と、若いバレリーナの新しい恋を見つめる学生が「せつない、せつない」と涙を流すのを、そばで見ているのは、何ともすがすがしい思いであった。そう、胸締めつけられる哀切さで、悲しくもおかしい。おかしいという点では、この映画のなかで磨き抜かれた喜劇的ギャグを観客にみせ、チャップリンの喜劇芸術の集大成を披露するというサービスもしている。パントマイムによるチャップリンの至芸も見ることができる。サイレント期のライバルともいえる喜劇王バスター・キートンの友情出演もまたこの映画を輝かせている。まさにチャップリン映画の最後の傑作である。

『キッド』（一九二一年）、『街の灯』（一九三一年）、『モダン・タイムス』（一九三六年）、『独裁者』（正式邦題は『チャップリンの独裁者』一九四〇年）、そしてこの『ライムライト』が、チャップリンの代表的傑作だと私は思いたい。しかし、この五本は甲乙つけがたい。チャップリン映画は原則的に喜劇だが、政治的社会的なものが前面にでる『モダン・タイムス』『独裁者』と、哀切さと芸術性という側面の強い『キッド』『街の灯』『ライムライト』とに区分できるだろう。いや、これほどみごとな純愛物語はないといえる『街の灯』には、ブルジョアのエゴイズムが、喜劇の形で浮き彫りにされ、その人間性のあり方を笑いにまぶして批判する。欺瞞性をコミカルに告発する。だが、その

チャップリン『キッド』

チャップリン『街の灯』(写真：川喜多記念映画文化財団)

社会風刺に特別の焦点をあてたりすることはしない。『街の灯』のラストシーンにおける純愛表現は世界映画史上傑出したものである。

ともあれ、『ライムライト』は、政治性皆無の映画なのに、どうしてアメリカに帰れなかったのか。アメリカでは新聞記者だけの試写は「追放」以前に行われ絶賛されたが、結局チャップリン追放後に一般公開となったのである。

2　ヒトラーとチャップリン

チャップリンは一八八九年四月一六日に生まれている。奇《く》しくもアドルフ・ヒトラーの同年四月二〇日の誕生日と四日ちがうだけである。同世代人というよりも、もっと深い因縁を感じる。チャップリンはロンドンの貧民街で芸人夫婦の子どもとして成長したし、ヒトラーはオーストリアで生まれ、貧しい画家志望の青年からファシストになって政治的野望を貫くべく突っ走る。

一九三九年、ヒトラーのドイツがポーランドに電撃的な侵略を始めて第二次大戦が勃発する。世界の人気者チャップリンは激怒する。同年齢で、ちょび髭という共通点をもっていることも、そして裸一貫から身を起こしたことも、互いを意識する要素のように思える。チャップリンは根っからのヒューマニストであり、戦争に絶対的な嫌悪感をもっている。

ヒトラーに対して、怒りと、反ファシズムの気持をこめて、チャップリンはただちに、まさにすぐさま『独裁者』を作りはじめた。根底には『モダン・タイムス』で、現代社会に懐疑と義憤の目を向けたことが、さらに強い政治性をもった映画づくりにつながったのだろう。

チャップリンはいつもちょび髭をつけて映画に出ていたが、同じようにちょび髭をはやしているヒトラーから思いついて、二役出演する。一人はヒトラーを思いっきり茶化した独裁者にし、もう一人はユダヤ人の誠実で小心者の床屋チャーリーで、独裁者がユダヤ人をいじめる話をコメディとして笑いをばらまいた。床屋が散髪するシーンでの「画」と「ハンガリア・ラプソディ第五番」の「音」との組みあわせなどは、その喜劇性をも含めて圧巻である。

独裁者の名前をヒンケルとしてヒトラーを名前の上でも茶化したが、ヒンケルが大きな地球儀の風船を自由にもてあそんで世界支配を空想するシーンは、バーレスク風におどけた喜劇性をもたせながら、しかしファシストが恐ろしいほどの孤独のなかにいるのを表現して、映画芸術が到

チャップリン『独裁者』風船の地球儀シーン

達した最高のシーンのひとつとなった。このシーンの最後、地球儀をもてあそんで、世界支配を夢見ていたヒンケルは、地球儀の風船が割れて、野望が挫折し、大袈裟に嘆き悲しむ演技を見せるが、恐ろしくて素晴らしい。

一〇年ほど以前のことだが、大学生が見たときの感想レポートから、風船シーンの部分をどう若い人が感じたかを少し紹介しておこう。

＊「地球の形をした風船でヒンケルが無邪気に遊ぶシーンがとても印象的だった。まさに〈世界を手玉にとる〉という独裁者の醜い欲望をあの行為で表しているのだと思う」

＊「地球儀風船で遊ぶところ。子どもが一人遊びしているようで、風船が割れたときの彼の背中がとても小さく感じられた」

＊「ヒンケルを一方的に批判するのではなく、彼の孤独に光をあてたことで、話に深みが出

た。このような世界観はすばらしいと思う」

＊「風船シーン。新体操ですよね、あの動き」(拙著『チャップリンを観る』二〇〇八年、草の根出版会)

「新体操」と比較するとは、現代の若者ならではのことであるが、ともあれ七〇年も前のチャップリンに大学生は一生懸命に見入るのである。B&Wのスタンダード映画に違和感をもたない。

3 兵士諸君! 自由のために戦おう――『独裁者』

『独裁者』の最後は、チャップリン演じるユダヤ人の床屋が、独裁者になりかわって、大観衆(兵士たち)の前で、はじめは床屋的控え目な態度でおずおずと、しかし、やがて、大声で身ぶり手ぶりを含めて、反ファシズムの主張をする。民主主義擁護の演説である。それはチャールズ・チャップリン自身の心情と思想を明確にし、さらには現代世界の独裁者と戦おうという戦闘的な大演説へと趣を変えていく。

世界映画史のなかで、もっともすばらしいシーンのひとつであり、その演説内容にも感銘を受けることになる。このラストで、チャップリンはドラマとしての約束を破って、突然、観客に向かって話し出す。もう映画ストーリーのつじつま合わせを無視して、チャップリン自身の思想をナマの形で観客に訴えかける。アジテーション(煽動)であり、個人映画への転換ともいえるものでもある。

チャップリン『独裁者』（写真：川喜多記念映画文化財団）

映画は本来、プロパガンダ（主義主張の宣伝）でもアジテーションでもない。そうであってはならない。それが劇映画の鉄則である。だが映画を知り尽くしたいわば映画の神様が、その約束を意識的に破って、おのれの思いというか思想なり主張なりを、直接、観客にぶつけて訴える。チャップリン映画の最大のメッセージ性をあらわにしたものとなった。

演説のラストで、チャップリンは、再び、劇中のユダヤ人床屋のチャーリーに戻る。彼の恋人であるハナ（あるいはハンナ。チャップリン夫人のポレット・ゴダードが扮している）に向かって優しく語りかける。そこで映画は終わる。この「六分間の演説」を聴いてみよう。活字でしか紹介できないのが残念である。

わたしは皇帝になりたくありません。そんなことは私の任ではありません。わたしは誰かを支配することも、誰を征服することも、したくありません。できることなら――ユダヤ人も、キリスト教徒も――黒人も――白人も、みんなに力をかして上げたいのです。

わたしたちは、みんなおたがい助け合いたいと望んでいます。人間とはそういうものなのです。わたしたちは、他人の不幸によってではなく、他人の幸福によって、生きたいのです。憎み合ったり、軽蔑し合ったりしたくありません。この地球上には、みんなが生きてゆけるだけの結構余裕はあるのです。そしてこの大地は豊沃で、すべての人間を養うことだってできるのです。

わたしたちは、自由に、そして美しく生きてゆくことができるのです。だのに、わたしたちはその途を見失ってしまいました。貪欲が人間の魂を毒し――世界中に憎しみのバリケードを築き…、わたしたちを不幸と殺戮の中に追い立てて行きました。新しいスピードが開発されましたが、結果はかえってわたしたちみんな、自分の穴に閉じこもるようになってしまいました。生活を豊かにするはずの機械が、逆にわたしたちを貧困の中にほうり出しています。…わたしたちにとって必要なのは、機械よりも人間なのです。頭のよさよりも、親切、そして思いやりなのです。そうしたものがなければ、人生はただ暴力、一切はただ破壊あるのみです。…

兵士のみなさん！　隷属のために戦ってはいけない！　自由のために戦ってください！

…みんなの人間に働く機会を与え、青年には未来を、老年には保障を与えてくれる立派な世界をつくり出すために、みんな立って戦おうではありませんか。

もっとも、けだものたちも、同じ公約をかかげて権力を握りました。しかし彼らは嘘をついている！　公約を果たすつもりなどありません。絶対に！　独裁者というのは、自分だけは自由にするが、人民は奴隷にするのです。いまこそ世界の解放のために戦おうではありませんか――国と国との障壁を毀《こぼ》ち――貪欲や憎悪や非寛容を追放するために、さあ、みんな戦いましょう。兵士のみなさん、民主主義の旗の下で、みんなでひとつに手をつなぎましょう！

ハナ、ぼくの声が聞こえるかい？　いまどこにいようと、さあ、上を向くのだ。空を見るのだ。ハナ！　雲が切れる！　太陽があらわれる！　闇が去って、ぼくたちは光の中に出るのだ。新しい世界――貪欲と憎悪と残忍を忘れたよりよい世界が、いまや来かかっているのだ。空をごらん。ハナ！　もともと人間の魂は翼をあたえられていたのだ。だが、ついにいまはじめて空を飛びはじめたのだ。虹の中へ――希望の光の中へと、いま飛んでいるのだ。空をごらん、ハナ！　上を向いて！

（『チャップリン自伝』）

はじめは小心な善人ユダヤ人床屋の、おずおずとした、か細い声が、やがて力強い身ぶり手ぶりをともなって「兵士のみなさん！」と高揚していく。「自伝本」の訳文よりも、映画のスーパーの「兵士諸君！」の方が力強い印象になっているとつけ加えておこう。「他人の不幸によってではなく、他人の幸福によって、生きたいのです」、「青年には未来を、老年には保障を」とは、なんとすばらしいフレーズだろう。「けだものたちも、同じ公約をかかげて権力を握りました」は、ファシスト（あるいは政治屋）を見ぬいた的確な言葉でもある。

「ハナ」はチャーリーの恋人の名前であるが、（日本で発売のＤＶＤでは「ハンナ」になっているが）、彼女は、実はチャップリンの母親の名前でもある。チャップリンの母親は若くして夫をなくして、女手ひとつで子どもたちを育ててあげた。チャップリンはアメリカで成功したが、ロンドンに残った彼女は、貧民街で、疲労困憊、精神を病んでしまう。アメリカで功成り名を遂げたチャップリンは母親をアメリカに呼び寄せ、手厚い治療と療養をさせるが、ハナは、息子が世界の喜劇王になったことが理解できなかったといわれる。チャップリンにとって、ハナは母親であり、恋人であり、無償の愛を捧げるべき永遠の母性であることを、注釈としてつけ加えておこう。

このラストは、映画の物語とは関係なく、チャップリンが映画によって、民主主義のためにファシズムと闘おうと宣言する。映画的常識や注釈を遙かにこえる迫真的な映画的魅力と、ヒューマニズム的普遍的内容をもっている。ドイツ、イタリア、日本では当然ながら上映されなかったが、世界の民主主義を求める人々に希望と勇気を与えた。もちろんアメリカ人にも。

チャップリン自身、ラストシーンの別バージョンを作成している。それは、敵と味方の兵士たちが手をとりあって和解のお祭りさわぎをするものである。チャップリンは、二種類のラストを作って比べた。いつだったか、テレビのドキュメンタリー番組で、そのフィルムがみつかったといって放映されたので私は見ている。チャップリン自身、製作当時、迷いがあってどちらにするか、揺れていたということだろう。だが現在の演説ラストでよかった。この破格のラストがあったからこそ、歴史的な作品になりえた。ファシズムへの敢然たる宣言になったと思いたい。

ヒトラーは、このフィルムを、スペインのフランコ独裁政権を経由して秘かに手に入れ、自分一人だけで見て、むろん自分を「独裁者ヒンケル」として笑いのネタにされたのに憤激して激怒したとかしなかったとか。

4　夢中で拍手──『独裁者』をみる

私自身は、この『独裁者』を最初に見たときの、生涯、忘れることのできない感動的な体験をもっている。制作当時、すでに第二次大戦がはじまっているが、日本の軍国主義者がみたら腰を抜かしただろう。あるいはフィルムを八つ裂きにして怒り狂ったにちがいない。アメリカの公開は一九四〇年一〇月一五日であるが、日本での封切りは、一九六〇年一〇月二二日で、ちょうど日本の敗戦を挟んで二〇年後である。世界史上最大の変化があった時間が経過している。日本公開は、いわゆる「六〇年安保」闘争の年である。私は、公開直後に見ている。その時のことを、後年、一五年後であるが、文章に残している。週刊誌『朝日ジャーナル』（朝日新聞社）に投稿したからである。一九七五年一〇月一日号に掲載された。以下、そのほぼ全文である。

かつて『独裁者』を観た時の、個人的な体験と感慨を、記してみたい。

六〇年安保の年一〇月二八日である。この直前の一〇月一二日には、浅沼社会党委員長が暗殺されている。学生として東京にいた私は、その年の春、安保反対の国民的闘いに無我夢中で参加することで、自分の新しい生き方への目覚めをいやおうなくさせられながらも、具体的に何をするかを明確に把握できないでいた。ただ私は、闘いがヤマを越したあと、知識人や学生の一部に急速に挫折ムードがただようなかで、闘争を観念的に総括するといった雰囲気にはなじめなかった。とはいえアンニュイな気分がなかったといえば嘘になるし、いわば途方に暮れながら、なにかを模索していたという表現がいちばん実情に近いであろう。

そんな時、日比谷の封切館で『独裁者』を観たのだが、ラストシーンで「ハンナ！　絶望してはいけない。闘おうではないか。民主主義の名において団結しよう」という、映画としては破格のチャップリンの呼びかけが終わった時、期せずして観客から拍手が起こった。はじめはばらばらと、そして次第に大きな波となって…。この時の拍手ほど私を驚かせ、感動させたものは、かなりの映画鑑賞体験のなかでも例がない。たしかにその後、自主上映運動のなかで拍手をする光景に出会うようになるが、それはいわば予期できる拍手であり、仲間内での連帯の確認という意味が強い。

ところが『独裁者』では、偶発的に拍手が起こった。これは、チャップリンの天才への賛嘆であり、反ファシズム・民主主義擁護というチャップリンの全世界へのメッセージに対する返答であったし、また二週間前に浅沼氏が右翼の凶刃にたおれたなまなましい記憶をもつ人々の怒りをぬきにしては、考えられない現象であったろう。

いまの言葉でいえば、安保闘争後のしらけた時代風潮のなかで、たまたま集まった市民（群衆のなかでの孤独を日々実感している東京で、しかも組織されていない市民）の間で、チャップリンの作品を通じてある種の連帯が成立したということは、やはり特筆に値する。熱いものがこみあげるとともに、信頼できるものが、私のなかにひろがっていった。

スクリーンと孤独な自我とが静かに対峙しながら、脳裏に映像を焼きつけて思索にふけるものと理解していた私の映画観は、こんな体験を通して崩れていった。同時にこの体験などは安保後、途方に暮れていた私に息のながい展望をもってこの国に民主主義を根づかせる闘いに参加していくことの重要性を、教えてくれたのであった。

いまも、このとき、『独裁者』を観た後の感動は残っているし、大事にしたいと思っている。劇場でのあの拍手は、ほんとうはもっと小さく頼りないものであったかもしれないが、束の間の幻想としてではなく、今の私にはますます力強く確たるものとして育っている。

5　チャップリンと現代の若者

今世紀に入ってから一〇年以上ずっと、大学での私の担当講座で、チャップリン映画を見てきた。『黄金狂時代』も映画史の金字塔だからと、長編前記五作品と短編も数編加えて鑑賞した。『ローマの休日』も学生に見せたが、さしあたっては『独裁者』にしぼろう。この作品は一二五分である。まるごと一コマの講義で映画全編を鑑賞することを見越して、私は授業を昼食休憩の前、要するに午前中の第二時限に置いた。そして昼休みに大幅に食い込んで鑑賞した。昼食時間を学生に保障するために、彼らの健康保全ということも考え、「延長はほどほどに」と教学事務室から言われながらも、映画をなるべく一気に見ることにしていた。三時間二七分の『七人の侍』は、二週連続で鑑賞しても、まだ時間が足らないので困ったが、そんなことをしながら、映画を小間切れに見ることや、途中で「重要シーン（やカット）」だけを点検確認したりすることを私は避けた。映画の途中で、ＤＶＤをストップし、画像の意味を解説したりすることは邪道だと考えていた。

『独裁者』鑑賞後の評価アンケートを紹介しておこう。一七年間、しかも毎年いくつもの映画講座を担当したから、膨大な資料、データ、レポートが残っているが、そのひとつである。アンケート提出者九六人（二〇〇六年五月一七日。講座通信の名称『Ｌｉｍｅｌｉｇｈｔ』第一七一号）

『チャップリンの独裁者』

大変よかった　　　五五％
よかった　　　　　三四％
普通　　　　　　　一一％
よくなかった　　　○
まったくよくなかった　○

たくさんあるアンケート結果で支持率が特に高いのを選んだわけではない。鑑賞人数が比較的多いものである。今世紀初頭頃の大学生が書いた、映画のラスト部分の感想のいくつかも抜き出しておこう。

＊「ダメです。涙、とまんねー」
＊「メチャ感動した。やっぱり民主主義やで――」
＊「世界で一番美しい演説だと思った」
＊「熱弁に感動した。心臓がドキドキ。一生に一度は見ておくべき作品」
＊「ラストの演説は、鬼気迫るものがありました。瞬きすらしないように言い切った後の、あの呆然とした表情、あれこそ人間の内なる力に人間自身が驚いてしまったような印象を受けました。権力をもつ少数の人によって、国民や市民は知らずに支配されている。この後どうなるの

かとても不安です」

＊「チャップリンが言ったことを、たくさんの人が行動にうつすことができたなら、本当に幸せで平和な世界が手に入るんじゃないかなと思いました」

＊「映画の力で平和になるわけない、とずっと思っていましたが、これは、人々に争いをおこさせなくなるんじゃないかと本当に本当に思いました」

＊「人類はみな手をとりあって生きて行くべきであろうし、戦争は決して起こってはならないことだと思う」

＊「ほとんどしゃべらなかった床屋（チャップリン）が、ラストシーン、一気に弾けるように語り出すのに感動した。私は映画のなかで、主義主張を台詞として放つのは興ざめだと感じてしまうのだけど、この映画にはそれがなかった。床屋が、おびえながらも自分の思いを口にするのが胸にせまった。そして最後、一人の女性への愛で終わるのもとても素敵だった」

＊「チャップリンの映画は平和ボケした私の脳味噌のカンフル剤のようなものです」

＊「一九四〇年の映画だけど、これはいつ戦争が起こるかわからない今の時代にも言えることだし、世界平和についてあらためて感じさせられた」

＊「『独裁者』がダントツに好きです。初めてみた『キッド』には、無声映画がこんなに魅力的なものなのか、とびっくりしたし、『街の灯』も、『モダン・タイムス』もいいなと思います。けれど、私の中で『独裁者』は特別です。格別です。なんて表現したらいいのかなぁ。チャッ

プリンの平和を心から願う精神がスクリーンを通して伝わってくるし、そしてそれを観客に伝えるための演技は、本当に緻密に計算しつくして完成させたものなんだろうなと思ってしまいます」（『チャップリンを観る』）

たくさんの感想が書かれ、それらの、かなり多くを私は残しているが、的確な判断をしているし、六〇年も前の作品で、B&Wスタンダードという見慣れないものであるのに、若者たちは実にしっかりと見ている。

話題を飛躍させたい。右の感想文を読むと、二一世紀の若者をもっと信頼しなければならないと思う。軽佻浮薄などとのレッテルを貼ってはいけない。では大丈夫なのか。その例になるかどうか。以下、次節をも含めて、現代の青年のプラスとマイナスを、いっしょにメモしておこう。

私は、大学で「地域文化論」という講座を担当した時期がある。〈『男はつらいよ』と「地方」〉というのが基本的な中身になるのだが、沖縄についての学習も組み込んだ。寅さんが沖縄に出かける作品も観る。一年生、二年生が圧倒的に多い選択科目である。そのなかで選んだ映像作品は『ナヴィの恋』（中江裕司監督　一九九九年）、『さとうきび畑の唄』（福澤克雄演出　二〇〇三年　TBSドラマ）、『深呼吸の必要』（篠原哲雄監督　二〇〇四年）、『運命の人』（山﨑豊子原作　土井裕泰，吉田健演出　二〇一二年TBS連続ドラマ）などを見ながら沖縄を考えた。さらに沖縄県石垣市在住の倉田健治に、「石垣島で暮らす」とのテーマで話してもらうように要請し、大学がゲストスピーカーとして招聘することを認めた。九〇分の講義が数年間続いた。「凪《な》ぎたる世《ゆ》（平和な世の中）」から「険《あざ》り世《ゆ》」（戦火のあしおと）（大田静男）に変化している日本の現状に対して、八重山群島の離島でのんびり暮らしている倉田は、むしろ「備えあれば憂いあり」なのではないかと問題を提起したりした。

沖縄がテーマだと、いささか政治的なからみが出て来るが、二〇一四年度前期も映像作品を楽しみながら、沖縄についての学習を進めていった。だがこの時は、「集団的自衛権」の行使が政治問題になり、政府は、これまでから一歩踏み込んで、武力行使の条件を拡大するというので、反対闘争が盛んだった。大学生は、政治問題にはきわめて弱い。私は、無記名アンケートをしてみた。当日の受講者は八一名。不提出も認めるが、感想もある。

1　「集団的自衛権」について（回答者五二名）　賛成二名（四％）。反対二八名（五四％）。わからない二二名（四二％）

2　憲法九条の「改正（改定）」について（解答者五二名）　賛成一名（二％）。反対三三名（六三％）。分からない一八名（三五％）

＊強行採決によって決まっていく政治にはあまり好感をもてない。

＊日本の政治には隠し事が多いと感じています。政治は国民のためのものであるはずなのに、今の政治は政府などのためにある気がします。

＊国民にも必要性やメリット、デメリットをもっと説明してほしいと思います。
＊憲法九条、私は変えていくべきだと思う。憲法九条はすばらしいと思うが、もう古い。
＊戦争をして苦しんだ時から決めたことなのに、戦争の経験がない人たちによって改正してしまってよいのだろうか。
＊九条は沖縄なども含めた過去の戦争から学んだ大切な憲法。それを改正することは、当時の人たちの死をムダにすること。

（『Ｌｉｍｅｌｉｇｈｔ』第六二五号）

現行憲法を大事にする、あるいは九条ないしは九条の精神を尊重するというのが圧倒的多数だという数字が出たわけである。だが、しかし。

彼らが三年生になり、就職活動に入ると事情が変わっていく。あの「就活服」という黒いスーツを着て、誰もが同じ顔に見えて、せっせと会社廻りをはじめると、彼らの個性は、外見だけでなく、「心」までが会社化企業化していく。インターンシップも彼らに現実を教えるとともに、既成のものに同化させる役割を果たす。さらに就職面接に行き、「私が御社を志望した理由は……」と非個性的なことを言わなければならなくなり、三社四社としくじると、それが「就活顔」だと割りきっていても、もう、政治や「戦争と平和」のことなどは話題にしなくなる。憲法がどうの、社会がどうのとの話はなくなっていく。若者が一人前になろうという「夢と希望」をもっていることを疑いはしないが、その「夢と希望」は、多くの人と感動を共有しながら、いっしょに夢をはぐくもうというのとはどこかでズレがある。それが本当の「夢と希望」なのか。

彼らが、とにもかくにも就職して、会社の初任者研修を受け、職場の先輩とのつき合いができ、酒席で一献くみかわすことになったりすると、会社人間としてほぼ「完成」する。もう、チャップリンの映画に感動したことや、いかなる理由があろうと戦争は忌避すべしといったことは、他人様の前で言わなくなる。思っていても口にはしない。

言わないだけでなく、憲法がどうの、平和がどうのとの思いは、一般論としてではあるが、次第にみずからの中で位置を失って、いわば風化していく。そんなことを、二一世紀になってからの学生に感じるようになった。彼らは青くさいものとして消してしまう。私は二〇一五年三月で退職したので、以後のことはわからないが、一般論としては、彼らが社会人になることで、憲法感覚や政治への思いは薄まりこそすれ濃厚になるとは思えない。若い人たちの非政治化は、こうして、実にみごとにひとつの流れになって進行しているようだ。客観性のない感覚的なもので、一般化してはいけないが、つらくてにがい実感である。

6 参戦しないアメリカ

一九四〇年、アメリカでも『独裁者』は支持された。その事実にまちがいはない。チャップリンの自伝によれば、「キャピトル(劇場)に詰めかけた観客は、実にすばらしかった。みんな興奮し、そして熱狂した。結局ニューヨークの二館で一五週間の続映、それまでのわたしの作品では最高の売上げを見せた」。「しかし批評はまちまちだった。大部分の批評家が最後のスピーチに反対した。『ニューヨーク・デイリイ・ニューズ』は、私が共産主義の指を観客に向けていると非難した。大多数の批評家も演説に反対で、この作品に合わぬと評したが、大衆のほうは全体として好意的で、ずいぶん称賛の手紙をもらった」とある。

オピニオンリーダーと大衆の乖離《かいり》がみられる。両者がうまく相互作用をすると民主主義は上昇的に機能するが、逆方向で綱引きをすると悲惨な状況になる。現代にも続く深刻な問題である。ヘタをすると大衆迎合としてのポピュリズムもはびこる。二〇一六年のイギリスEU離脱や、一七年のドナルド・トランプ大統領就任などのことを考えてしまう。とはいえ、一九四〇年頃のアメリカの事情は少し複雑であったことがわかる。ルーズベルト大統領は、わざわざチャップリンをホワイトハウスに呼んだが、大統領の言葉は、「ねえ、チャーリー。きみの映画はアルゼンチンで問題になり、われわれもだいぶ困っているんだがね」と言って、ほかには何もいわなかった、と書いている、結局、チャップリンの友人が言ったように「君はホワイトハウスに招かれはした。だが、歓迎されざる客だった」(『チャップリン自伝』)のである。

要するに、映画のラストの演説を、共産主義擁護ないしは宣伝的な内容だったとアメリカ国民のどれだけかが受けとめたということだろう。だが同時に、チャップリンの思いを真正面に受けとめて民主主義擁護の発言を支持した人も多かったのである。

現代日本の大学生の感想でもわかるが、チャップリン演説を普通の市民層は「共産主義的」とは思わない。民主主義擁護の言葉であり、ファシズムへの怒りの表現と理解する。だが公開当時、複雑なアメリカの国内事情が、この映画でのチャップリン評価を二分したのである。

どういうことか。この映画が一九四〇年秋に公開され、多くのアメリカ人が見て、一定の批判者がいたのは、これまでの記述で理解できる。だが、なぜ圧倒的多数のアメリカ国民に支持されなかったのか。それは、この映画をアメリカ人が見た時点で、アメリカがまだ第二次大戦に参加していなかったこととかかわる。第二次大戦は一九三九年九月に始まっているが、アメリカが参戦するのは一九四一年、日本時間で、昭和一六年一二月八日、日本が真珠湾攻撃をし、宣戦布告をしたときである。アメリカはやっと大戦の表舞台に立つのである。

『独裁者』を見たアメリカ人の何割かは、チャップリンが、「兵士のみなさん！　自由のために戦ってください！……兵士のみなさん、民主主義の旗の下で、みんなでひとつに手をつなぎましょう」という言葉を、どのように受けとめてよいのか戸惑ったと解釈してもよい。まだ戦争をしていない自国なのに、「戦ってください」、しかも武器を持って、との含意があるのだから、少し早すぎたのである。

日本の真珠湾攻撃は、自動的に「日・独・伊のファシズム三国」がアメリカへ宣戦布告したことになり、アメリカもそれを受け、ヨーロッパ大陸に派兵することになる。映画で、日米開戦時のアメリカの様子を知るには『地上《ここ》より永遠《とわ》に』(一九五三年)を見るのがよい。真珠湾への奇襲を受けたときのハワイのアメリカ軍の反応が実によくわかる。日本の『真空地帯』(一九五二年　山本薩夫監督)や『人間の条件』(一九五九年〜　小林正樹監督)の陸軍内務班的な「いびり」を徹底的に描き、アメリカの軍隊生活の過酷さと腐敗も告発するフレッド・ジンネマン監督の描写は、写実と感傷を合体させてみごとである。だが、いざ日本軍との戦闘開始という時点での米国軍隊の動きの敏速さの描写は、それ以上にリアルである「日本軍はどうかしている、世界最強の米国陸軍相手に……(無謀な攻撃をしてくるとは許せない)」とモンゴメリー・クリフトが叫びながら戦いに駆けつける、そんなシーンを私もよく覚えている。

軍隊内での恩讐を超えて、即時に日本軍を迎え撃つ米軍の動きを、戦後八年目の日本の観客は、あれよあれよ、と戸惑いつつ、画面に見入った。そして戦った相手がやはり悪かった、日本が勝てるわけがなかったと思ったはずである。日本でもヒットした。

この映画は、マッカーシーの怒りにふれそうなぎりぎりの反軍映画であるが、反面では、アメリカ軍の真の強さを断固示す「愛国的」な性格ももっている。反ファシズムの戦いは、民主主義擁護のために不可欠だとするアメリカ人の意志が、保守とかリベラルとかを超えてあらわれる。その意味では、朝鮮戦争期のアメリカの国策に沿ってもいる。だからマッカーシーや彼を支える「在郷軍人会」に摘発されなかったのかもしれない。後に『尼僧物語』(一九五九年)、『日曜日には鼠を殺せ』(一九六四年)や、『ジュリア』(一九七七年)のような明確に、民主主義擁護と反ファシズムをメッセージした作品を撮るジンネマン映画とは少しちがう、なまぬるいのだ。ダルトン・トランボの反日国策シナリオを映画にした『東京上空三十秒』（一九四四年　マーヴィン・ルロイ監督）を後年になって見た印象と少し似ているかもしれない。ラジカルなデモクラットは、ラジカルな反日派であり、むしろ好戦的なのである。反ファシズムで戦うべしとの熱意の表れでもある。だが、それはともあれ、アメリカはやがてヨーロッパ戦線に軍隊を出動させて、大戦の様相を大きく変えていくことになる。

　アメリカ参戦は、劣勢だったイギリス勢などとともに、ドイツと戦っていたスターリンのソビエトとも手を結び、日独伊と戦うことを意味していた。アメリカはそれまで自国の利益と繁栄策に懸命だった。イギリスが必死に戦うのに対して、武器を補給したりして、金儲けをしていた。拱手傍観、高みの見物。アメリカには、後のトランプ政権ではないけれど、モンロー主義という言葉があるように、移民によって成立した国であるにもかかわらず、アメリカ・ファーストという考え方がある。まず自分の国を豊かにさせる、ということである。他国が戦うときに武器を生産して交戦国に売り込み、富国に邁進するようなところがある（ベトナム戦争は例外であろう）。ルーズベルトは突出した政治家であり、民主主義を大事にしたが、イギリスの後ろにいて武器づくりで自国を強くすることに懸命でもあった。

　だからアメリカがまだドイツと直接戦争をしていないときに、チャップリンが「兵士諸君、民主主義のために戦おう」と演説するのは、時期尚早であり、いささか痛し痒《かゆ》しというところがあった。チャップリンは歴史的には「正論」ではあったにしても、あまり好戦的では困る、というのが、『独裁者』が公開されたときのアメリカ支配層のホンネであったように思われる。

当時、アメリカは、ヒトラーよりも、「赤」のソビエトを退治しなければ、と言う世論がかなりの力をもっており、真珠湾を攻撃されるまでは、ヒトラーを英雄視する人も多かった。だからチャップリンの真っ向からの民主主義擁護には、しかも、社会主義国ソビエトとも組んでのドイツとの戦いの奨励は、ファシズムとの戦いという名分はあったとしても、率直には肯定しにくかった。

7　ニューディール政策

アメリカの第二次大戦前史をみてみよう。一九二九年の大恐慌のあと、アメリカは荒廃し、失業者が浮浪者化し、「ホーボー」と呼ばれる、全国に職を求めて移動する貧困層の姿が多く見られた。その悲惨な現実を風刺やアクションで描いた『サリヴァンの旅』(一九四一年　プレストン・スタージェス監督)や戦後の『北国の帝王』(一九七三年　ロバート・アルドリッチ監督、『ライムライト』の助監督である)、『ウディ・ガスリー／わが心のふるさと』(一九七六年　ハル・アシュビー監督)を見ると、底辺層がアメリカ中を職を求めて放浪し苦悩する様子がよくわかる。アメリカにもこんな現実があったのだと、一九七〇年年代に見た私などは驚いたものである。ジョン・フォードの『怒りの葡萄』(一九四〇年)は言うまでもないが、フランク・キャプラのコメディ『或る夜の出来事』(一九三四年)でさえもホーボーの姿を点描して、現実をみつめる姿勢を示している。

一九三三年に第三二代アメリカ大統領になったフランクリン・ルーズベルトは、失業者にあふれ、膨大なホーボーを生み出すような大恐慌後の現実を直視し、アメリカの再生に力を尽くして、ニューディール政策を立案実現していく。この政策は、いわば「新規まき直し経済政策」というくらいの意味だ。つまり、大恐慌のあとのアメリカの再建、再生政策である。国家、国民が一体となって草の根的に、恐慌克服をめざした。政府は、経済政策にも積極的に取り組み、農産物価格への介入、生産調整などの指導もした。インフラ整備、公共福祉政策の促進、雇用の拡大による失業対策、労働組合の発展にも手を貸した。テネシー川にダムをつくり公共事業で雇用を生み出したりするのもニューディール政策の一例である。

モルガン、ロックフェラー等々の独占資本も強化されたようだが、リベラルで革新的な政策が提起されたため、政治家や行政官、学者や芸術家にも支持が広がった。ニューディーラーの輩出であるが、ここに理想的な国家再建の姿をみて共鳴し、左傾した知識人も多く、それは戦後の「赤狩り」の遠因にもなっていくようだ。ルーズベルトが、大統領を三期つとめたというアメリカ史におけるただ一人の例外的政治家であることは、ファシズムと戦うアメリカ国民が、それを認めたことでもあり、その能力や人望ということも含めて記憶しておいてよい。だが国づくりに忙しいアメリカは、ヨーロッパ大陸の情勢を熟知しながらも直接的には動かなかった。

ヒトラーのドイツは、イタリア、日本との三国同盟＝枢軸国関係を結んで、イギリス、フランス、さらにはオランダやベルギー、ルクセンブルグに、カナダも含むが、ヨーロッパの多くの諸国に向かって対決姿勢を明確にしていくなかで、一九三九年八月に独ソはそれぞれの思惑から不可侵条約を締結したものの、その一週間後の九月一日、ドイツは、いわば予定通りにポーランドに侵攻して第二次大戦は勃発する。

ヒトラーは、もともと社会主義ソビエトにも敵意を抱き、一九四一年六月、ドイツ軍はソビエトにも侵入を開始する。ソビエトは、第二次大戦では結果的に二〇〇〇万人を超える世界最大の死者を出し、ドイツや日本（死者約三一〇万人）の悲惨な結果をはるかにこえる犠牲者を出した。ソビエトのスターリンはアメリカが早く戦線に参加して、連合国側が挟み撃ちをすることで、ドイツの力を東と西に分散させることが大事だと主張した。フランスは早くも一九四〇年六月に敗北して、ペタン元帥を首班としたヴィシー政権が、ドイツの傀儡政権として誕生し国土の半分を統治していた。ドゴールがイギリスで「自由フランス」を結成してドイツと対峙し、フランス国内では、レジスタンス運動が次第に力をつけてくる。

この時期を映画との関連で点描しておこう。フランスがナチスの傀儡政権をつくったりする状態で、アメリカ抜きで連合国側がドイツを追い詰めることは不可能だったろう。アメリカ映画

『カサブランカ』（I・バーグマンとH・ボガート：川喜多記念映画文化財団）

『カサブランカ』（一九四二年）で、ハンフリー・ボガートやイングリッド・バーグマンが演じる人たちはパリで反ファシズムの地下運動をしていたのである。フランス映画『天井桟敷の人々』（一九四五年）は、占領下につくられ、監督のマルセル・カルネはじめ、対独レジスタンスの精神に満ちた世界映画史の傑作であるが、音楽を担当し、のちにシャンソン「枯葉」をつくるジョセフ・コスマと、美術監督のアレクサンドル・トローネルはユダヤ人ということもあって、スタッフ欄には「秘密に協力」として記録されることになり、現在観ることのできる画面には明記されている。文学分野でも抵抗文学の傑作『海の沈黙』（一九四二年）が「深夜叢書」として秘密裡に出版される。それを戦後一九四八年に映画化したのが、戦時、ドゴールの「自由フランス」で戦い、のちにレジスタンス映画の傑作『影の軍隊』（一九六九年）を演出するジャン・ピエール・メルビルである。フィルム・ノワールの代表作アラン・ドロンの『サムライ』（一九六七年）もメルビル作品である。フランス人の抵抗精神は称賛すべきであるが、そのこと自体は大きく情勢を変える力を持つまでにはいたらず、連合国軍のパリ解放までまたねばならなかった。

ソビエトはドイツから仕掛けられた戦争を、反ファシズムということで戦っていた。スターリンの動静も不可解であるが、この時点で、戦後のソビエトを歪んだ社会主義国に導く独裁者と決めつけるのはまだ早い。米英とともに、反ファシズムで一致し、ソビエトは「大祖国戦争」を、戦いぬいたのである。

「第二戦線」は、ナチスドイツ軍を挟み撃ちにする連合国側の戦略である。ソ連がドイツの攻撃を受けたのは一九四一年六月である。ソ連は、米・英にフランスに上陸してドイツを西側（第二戦線）から攻めて、東側で戦っているソ連軍とで挟み撃ちにすることで、ドイツ軍の力を分散させるよう要請した。米軍はなかなか応諾しなかったが、一九四四年六月になってやっとフランスに上陸する。連合国側のノルマンディ作戦である。

ソビエトは、第二戦線を開くためには、アメリカが、総力をヨーロッパ大陸に注入することが不可欠だと判断していた。チャーチルは、ソビエトを助けることは社会主義に力をつけさせることだと考え、第二戦線を開くことには消極的だった。だがヒトラーの世界制覇を許すことは絶対にできなかった。ルーズベルト、チャーチル、スターリンは一九四三年一一月に、テヘランで巨頭会談を開き、翌年には北フランスに米英軍が上陸し、ドイツ軍と戦うことで、「第二戦線」を決定的に結成することを約束する。だが同時に、ドイツを降伏させた後に、ソビエトは日本に参戦することもスターリンと約束した。この国際会議で、ソ連の対日参戦が秘密裡に決まったことは知っておかねばならない。また、ソ連が日ソ中立条約を無視することになったのも忘れてはならない。このソ連の対日参戦が、日本人戦時捕虜をシベリアに長期抑留させた過酷な歴史的事実につながったことも銘記しなければならない。

三巨頭会談以前、ルーズベルトは、「第二戦線」の必要を承知していたが、軍隊をヨーロッパに送って参戦するのには躊躇があった。いずれドイツと戦わねばならないとの決意は固かったが、ただちに対決することはひかえたかった。アメリカは連合国側に、大規模な物質的経済的援助をしたが、それ以上のこと、すなわち参戦は引き延ばしていた。

『チャップリン自伝』には次のような驚くべき記述がある。一九四〇年から四一年の頃についてのアメリカ情勢である。すでに第二次大戦は一九三九年に勃発しているにもかかわらず、ナチズムがアメリカ社会にいかに大きな力をもっていたか、たとえチャップリンにいささかの誇張があったにしても、アメリカもまた自国内に大変な事情をかかえていたのである。国内で、ルーズベルトたちは、国内のファシズム的傾向の台頭に対して闘っていたのがわかる。自伝には次のようにある。

「アメリカはまだ参戦していなかったが、ルーズベルト対ヒトラーの冷戦はすでにはじまっていた。そしてそれは、大統領の立場を非常に難しいものにした。すでにナチスは、アメリカの各団体、組織にまで浸透していたからである。これら組織は、知ってか知らずか、完全にナチスの道具として利用されていた。

やがて日本の真珠湾攻撃という劇的ニュースが、電光のように伝わった。事態の深刻さに、アメリカは呆然となったが、ただちに応戦の体制をととのえ、まもなく多くの師団がぞくぞく海外に出て行った。そのころ、ようやくソ連軍はヒトラーの大軍をモスクワ郊外に釘付けすることに成功し、一刻も早く第二戦線の展開を呼びかけていた。ルーズベルトもこれを支持した。ナチ同調者たちは、いまや地下に潜ってしまったが、その流す害毒は決してまだ消えていなかった。米ソの同盟を阻むためには、あらゆる手段が使われた」。

8　共産主義よりヒトラーを

繰り返しにもなるが、アメリカ参戦が遅れているのは二つの理由からであった。ひとつは、アメリカの絶対的優位な国力を、まだヨーロッパで使うべきでないと考えていたからである。アメリカは、戦後世界のイニシアチーブをとる野望を早くからもっていた。さらに戦後の対決国はソ連だと考えていた。冷戦の予感ということだろう。いや、もっと現実的で怜悧な国際情勢の分析に基づく計算だった。チャーチルの政治的展望とは少しちがうが、戦後の予測という意味では、盾の裏と表のちがいかもしれない。いずれ対独参戦は必至であるが、タイミングを計っていた。ルーズベルトは、世界の大勢を予見するしたたかな力量をもっていたことはたしかである。とにかく参戦を遅らせるほうが国家利益となる。

不参戦の理由の第二は、チャップリンも述べているようにアメリカ国内に、ナチス支持者が多かったことから、国民の総意としての「対独参戦」をまとめあげるのが難しかったからである。内部に「敵」をかかえていた。アメリカは確固とした反ファシズムが確立していたと考えがちだが、実情は単純ではなかった。ナチスドイツが、世界を相手どって戦争をするというのは、ヨーロッパ諸国にも、もちろんアジアの日本も含めてであるが、ナチスの主張する、世界の再編を支持する勢力があったことを意味する。アメリカにも、自国の繁栄から落ちこぼれた不満分子がいる。あるいはヒトラーが掲げる反ユダヤに共感をもつ人々もいた。ヒトラーの徹底した差別主義に、表には出せない共感を覚えた階層があったということでもあろう。

戦後七〇年の二〇一五年に、NHKテレビBSプレミアムで、第二次大戦中の対独戦争中のイギリスの農村部を舞台にした連続刑事ドラマ『刑事フォイル』があった。大戦中のイギリスの農村の生活とその様子や雰囲気がリアルに描かれていることと、スパイが周辺にいるのではないかという住民たちの疑心暗鬼が描かれている。

いくつかの新しい知識を得たが、そのひとつは、イギリス国内にはヒトラーを支持する勢力が厳然としてあったことである。反ファシズムで第二次大戦をドイツともっとも果敢に戦っているイギリスにもファシストがいたのである、それもかなり公然と。誰もが知っている「秘密事項」があったのは、それを支える国民的「層」が存在していたことを意味する。ヒトラーに親近感をもつ一群も公然といた。『日の名残り』(ジェームズ・アイヴォリー監督　一九九三年)を思い出すことも出来る。一九三〇年年代にイギリスの大貴族につかえた執事長(アンソニー・ホプキンス)と女中頭(エマ・トンプソン)の切ないプラトニックラブを、このうえない情感で描きだした秀作であるが、彼らが仕える温厚な貴族が、実はヒトラー讃美者なのである。大邸宅に世界中からナチズム擁護の有力者を集めて私的な秘密国際会議が開催されるシーンがあった。作者の視点は批判的だが、フィクションではあるにしろ、イギリスの上流階級に、ファシズム待望論があったのである。イギリスに、敵国を支持する勢力が明確にあったというのは驚きである。治安維持法下の戦時日本の状況とあまりにもちがう。

そういえば、ヘプバーンの父親はイギリス人でファシストであった。ヒトラー崇拝者だったという記述がヘプバーン伝記のひとつにある。母親が離婚するのは、そんな夫にがまんできなかったことも一因であったらしい。オードリーは母親に付き従うが、母親は、自分を捨てていったファシズムかぶれの元亭主への反発が強かった。政治のことなどわからない貧しいオランダ貴族の末裔であり、やがて抵抗運動＝レジスタンスに娘まで巻き込んで参加することになるのだが、これについては後述しよう。

『刑事フォイル』でもうひとつ驚いたことがある。主人公の警視正フォイルの息子はイギリス空軍のエリートパイロットなのだが、「ぼくは最近までイギリス共産党員であった」と平然と父親に告白したことである。警察幹部の父親は何げなく聞き流す。現役イギリス軍将校のパトリオット（愛国者）に、共産党員がいたのである。あるいはコミュニストであるが故に反ファシズムへの思いが強いということも、アメリカの状況と照らし合わせると考えることができる。ドイツと戦っているイギリスでもこんな状態である。ヨーロッパから遠くはなれたアメリカは、まだ参戦もしていないのだから、右も左も、多様な政治的見解を表明する自由があった。こんな混沌とした状態への焦燥感が、戦後の法的統制＝マッカーシズムを徹底させようとする流れを準備させたのかもしれない。

要するに、ルーズベルトは、ヨーロッパへ派兵しての参戦を躊躇せざるをえないものを内部に抱えていた。アメリカではむしろルーズベルトを支持するニューディール派の「左派」の方が反ファシズムで、参戦支持派であった。ニューディールを支持する勢力は、基本的には社会民主主義者なのだろうが、よりラジカルな「左派」部分は、アメリカ共産党に入党したり、その影響下に組み込まれたりしたのだろう。一九三〇年代に、ハリウッドや演劇界に共産党員が増えるのは、ニューディール政策を支持した人たちが基本だったようだ。マッカーシズムは、ルーズベルト亡き後に、戦後の情勢の変化はあったにしても、ルーズベルトの左派的な考えに対する反動的反感的な気分が増幅されて、右派民主党のトルーマン大統領下で、反共気分を高揚させていくことになった。ルーズベルトはすぐれた後継者をつくれなかった。いや、つくろうとしなかったとの説もあるようだ。

日本の敗戦後にマッカーサーに従って、占領政策の実務を担当した人たちには、占領初期には、「左派」系ニューディーラーだった人も多くいたようである。映画界担当のデヴィッド・コンデなどは日本映画史では有名であり、岩崎昶などとの接触も多い。コンデは、公式主義の民主派であった。「旧軍人や資本家をもっと悪く描けと要求し」、それがあまりにもガチガチなので、木下恵介、稲垣浩、今井正などは辟易したと、佐藤忠男は『日本映画史2』（一九九五年　岩波書店）で紹介している。コンデについては『天皇と接吻』（一九九八年　草思社）で著者平野共余子がよく調べているが、「結局コンデが共産党員だったのかはよくわからない」が、後年、彼が「共産党に関係した危険分子と米国政府に見られて、…監視されていた」と記していて、同書で平野は、「コンデは一九三七年米国共産党に入党し、一九四八年に共産党の党員資格を得て党活動に携わり、党に献金をしていた」とも記述している。

9　第二戦線を！

そんな時にチャップリンは、アメリカ、イギリスが、民主主義を守るために、ソ連とも手を

『我等の生涯の最良の年』監督ワイラー

結ぶべきだという主張をした。そうしないと日独伊の三国同盟に、連合国側は勝てないと考え、積極的に「第二戦線」結成を支持した。チャップリンは、ドイツの進撃を破るのはアメリカの参戦が不可欠であり、その力は、ソビエトを助けるだけでなく、戦況を連合国側に有利に展開させる決定的なものにちがいないとした。チャップリンは「第二戦線の構築を！」と呼びかけて、あちこちに檄をとばしているが、その様子がたくさんアメリカのニュース映画には残っており、「第二戦線」を支持する米国市民の姿がドキュメントされている。ある意味で好戦的である。だがチャップリンの反ソ勢力を牽制しつつの懸命な「第二戦線」結成の主張が裏目に出て、戦後、チャップリンへの攻撃材料として使われることになる。戦争中から、チャップリンは、支持者も多かったが、アンチ・チャップリンもたくさんかかえねばならなかった。

そして勝利。だが大戦を勝ち抜いて平和を確立するという意味では、リベラルなデモクラットのワイラーにとっても切実な課題が待ち受けていた。早くも『我等の生涯の最良の年』では、戦後の平和と人類共存の模索がはじまっている。チャップリンの孤高な闘いと願いに通じるものがあると考えてよい。

ワイラーは、第二次大戦に勝利して、アメリカ民主主義讃歌である『我等の生涯の最良の年』（一九四六年）を発表する。戦後アメリカの夢を語った国民映画だといわれたりもする。内容の大枠を紹介しておこう。「同じ町に帰還した中年銀行員アル（フレドリック・マーチ）、デパート勤務のフレッド（ダナ・アンドリュース）、戦場で両腕を失い鉄の義手をはめているホーマーの三人の家族や恋人たちをめぐるドラマで、第二次大戦から帰還した軍人の社会復帰もテーマにした大作」（『ぴあシネマクラブ外国映画編　二〇〇六年』）である。

このなかのひとつのエピソードに、不思議とも思えるものが挿入されている。それは、酒場にいた男が突然に、第二次大戦で、アメリカは戦略まちがいをした云々と言いだすところである。ファシズム派の男であると次第にわかってくるが、アメリカは、イギリスなどと手を結んだりせずに、ドイツや日本と組むべきだったと主張する。驚くべき歴史認識錯誤である。この男は、アメリカの任務は、「赤」の共産ソビエトをやっつけることだったと言う。判断をまちがえたとする極右的発想を披露するのだ。

映画では、ヨーロッパ戦線で命をかけて戦ってきた元空軍将校ダナ・アンドリュースが、このファシストをノックダウンする。私たち日本人は、このようなもうひとつのアメリカ像をまったく知らない。戦争でファシズムに勝利したにもかかわらず、まだアメリカには、「ドイツと組むべきだった」と主張する人々がいたことに驚く。それほどの特殊ケースではなかったからこそ、映画のエピソードとして組み込んだにちがいない。ファシズム志向は戦後まであったということになる。チャップリンの「第二戦線」への熱い視線とは、まったく逆の反ソ反共の勢力が厳然と存在したのである。あるいは、そういう力がマッカーシズムを生む原動力になったのかもしれない。

『我等の生涯の最良の年』では、広島に原爆が投下された事実が世界に明らかにされている。米国に帰還した軍人の父親（フレドリック・マーチ）に、息子が「広島に行ったろう。放射能が生存者に与えた影響に何か気づいた？」と問う。突然だし、息子の成長に父親は驚きの表情をみせると、さらに息子は「学校で物理学の先生に原子力の話を聴いたよ。先生は言うんだ。人類は共存の道をみつけるべきだ、さもないと、破滅する。原子力がレーダーやミサイルとむすびついたらすごいことに……」と迫って父親を驚かす。

戦後、アメリカは学校で原爆のことを教え、原爆のおそろしさに言及する雰囲気で人類の共存の道を語っていた時期があったのをうかがわせる。ワイラー監督は、「人類共存」の道を推進するのが、「わがアメリカだ」と主張している。だが「赤狩り」時代には「反原爆」と、教育の現場で言えない状況になってくることは後述する。それは、赤狩りを描いた『真実の瞬間《とき》』で、具体的に描かれている。赤狩りは民主教育をも破壊していくのである。

ワイラーが、戦後のアメリカ民主主義を真に国民のためのものにしなければならないという使命感に燃えているのがわかる。マッカーシズム以前の、健全なアメリカの、ある種の「国策的」映画でもあるように思えて、微笑ましく、そして感動的である。

先走って言えば、デモクラットのワイラー監督であるからこそ、アメリカの「赤狩り」に批判的視点を秘めた『ローマの休日』をつくることができた。「赤狩り」の時代になると、ワイラーは、アメリカ民主主義がおびやかされるなら、もう『我等の生涯の最良の年』のような映画はハリウッドではつくれなくなると警告を発する。そのワイラーも一時期、後退する。ワイラーの生涯における、闘いと挫折と復活は、だが、もっと複雑である。それについては本書で後述する大きな課題である。

アメリカ映画で、原爆に触れた最初の劇映画は『我等の生涯の最良の年』であるとされるが、いま紹介した部分の約二分間は、日本上映の際にはカットされた。日本公開は封切り一年半後の一九四八年六月一日であるが、まだ占領下にあったので、原爆については報道管制が敷かれていた。占領軍アメリカは、原爆の被害状況や非人道性を、日本人には知らせたくなかったのである。現在市販の『我等の生涯の最良の年』DVDは、原爆云々が復元された完全版である。

10 「一人を殺せば悪者、大量殺戮なら英雄」――『殺人狂時代』

チャップリンは、一九四七年、戦後二年目であるが、『殺人狂時代』を作り、いわば大きく変わる。必然的な変貌だから思想の質的深まりと言ってよいだろう。一段と戦争反対のトーンをあげる。というよりも平和主義者としての立ち位置を明確にする。だが、観客なり、アメリカ国民に理解されたかというと、なかなかうまくはいかない。『独裁者』では「戦おう」が一定層のアメリカ人を困惑させたが、『殺人狂時代』では「いかなる戦争もいけない」という主張がそれ相当の市民層に反発を持たせることになった。

この作品は喜劇ではあるが、チャップリン的ギャグを採り入れながらも、ほとんどリアリズム映画とみまがうばかりのところがあり、重々しい雰囲気さえもある、重喜劇であろう。テーマは戦争の忌避と絶対平和の追求である。原案がオーソン・ウエルズとクレジットされている。『市民ケーン』（一九四一年）の奇才ウエルズのアイデアをチャップリンは買い取り、そこからみずからの構想で自由にシナリオを書き上げた。ウエルズの逆説をチャップリンは評価したのである。主人公は、銀行員のフランス人「ムッシュ・ベルドゥ」（映画の原題は『ベルドゥ氏』Monsieur Verdoux）である。

真面目な銀行員ベルドゥは、一九三〇年代の恐慌で解雇される。病妻や子どもを養うために「結婚詐欺師」に転職する。富裕な中年独身女性に取り入って、彼女を殺し、保険金を受け取る。重婚もしており、手広く詐欺師の職業をやって、一〇名を超える女性を殺し、最後、逮捕され、死刑となる。チャップリン的ギャグも健在であり、彼独特の所作はまぎれもなくチャップリンであるが、長編作家としてのチャップリンとしては、『ライムライト』とともにシリアスなドラマである。『ライムライト』にある抒情性はほとんどない。眼目は、死刑になる前の、法廷での陳述と処刑直前のチャップリンの戦争批判の所信表明である。死刑が決まったあと、ベルドゥ氏は語る。

「三五年間、私は正直に真面目に勤めたが、銀行をクビになったので、私はこの〈仕事〉を始めた。戦争でいま大量殺人というのが世界中で行われている。破壊兵器を製造するのは大量殺人のためである。戦争は、罪のない女性や子どもを虐殺する。しかもそれを科学的に行っている。大量殺人である。だが私は、それからみればアマチュアである。……一人を殺せば悪者《わるもの》で、大量殺戮《さつりく》なら英雄だ。数《かず》が殺人を神聖化する」

第二次大戦後に発表された本作は、戦争を痛烈に、しかも反語的表現で批判している。公開されたのが一九四七年四月であるが、前年三月には、ウィンストン・チャーチルがアメリカで「鉄のカーテン」論を展開し、映画上映の前月には、トルーマン・ドクトリンが発表されて、反ソ

チャップリン『殺人狂時代』

反共をあおっていた。その直後の上映開始だった。時宜を得すぎたというか、公開時期が悪かったというか、映画が支持されるのと並行して上映禁止運動や、チャップリンのアメリカ追放の声が、いわば予想以上に発せられるようになる。そして映画公開直後に「赤狩り」がはじまり、同年一〇月に「非米活動委員会」の第一回聴聞会が行われることになる。だが、これはもうしばらく後に詳述することにしたい。

ベルドゥ氏の独演は、逆説というか、痛烈な批判というか、もはや映画のストーリーを離れているともいえる点では、『独裁者』ラストの延長線上である。チャップリンは、世界に向かって、みずからの哲学を発信している。反戦平和とヒューマニズムをブラックユーモアで反語的に説いている。科学の発達によって、殺人が限りなく大量になっていくことへの憤りが画面からあふれる。

ブラックユーモアという言葉をつかったが、『殺人狂時代』が、世界に衝撃を与えたのは、喜劇であるからである。喜劇でなければ有効に表現できない真実もある。チャップリンは、映像と言葉の相乗作用で、主張の真実性を倍加させるからこそ、チャップリン的なものに止揚される。チャップリンが創造する映像を抜きに、彼の平和哲学をなんど読んでも聞いても、それほどの感動はない。チャップリンは、その思想を、これまで使ってきたギャグをふんだんにつかって提示するから、主張の真実性が倍加する。

スラップスティックな追っかけも忘れていない。かくれんぼうもやる。チャップリンを見続けてきた者には、思いあたるところが多くある。最高の喜劇的シーンとして高揚するのは、チャップリンが、だました相手の女性を湖のボートから転落死させようとするところである。チャップリン喜劇のギャグを連発させて、ボートの揺れとともに、女性を転落させて溺死させたい。だが相手の女性ではなく自分がボートから落ちてしまう。結局のところ、テーマの深刻さと、その逆説的な強烈さに、チャップリンのギャグや笑いが追いつけないのがこの映画の限界であろう。

チャップリンの平和の哲学の到達点ではある。戦争が人類絶滅に進んでいることを危惧し、「数が殺人を神聖化する」として、原爆さえも肯定してしまう風潮に、絶対否定の態度を明示する。だが、どれだけチャップリン的ギャグを盛り込んでも、映画的な高揚が追いつかない。『独裁者』には、重いテーマながらもギャグ満載で、はじける笑いがあった。繰り返すが、平和の問題に、もっともラジカルな「絶対的」ともいえる結論を提示したのが『殺人狂時代』である。人を殺すことの絶対否定、いかなる弁明をも許容しない戦争否定への質的転換である。

一九五二年のキネマ旬報ベストテン選出では、製作四年後に日本公開された『殺人狂時代』が、『第三の男』や『天井桟敷の人々』を抑えて、第一位に選出されている。順番に、二六三点、二六一点、二三〇点と僅差である。対日平和条約発効・日米安保条約締結の年であるが、映画ファンの多くがいかに厭戦の気分をもち、平和を希求していたかを示すものとして記憶しておこう。

11　絶対平和こそ

ここで、六年前のチャップリン『独裁者』演説を思い出しておこう。「兵士のみなさん！　隷属のために戦ってはいけない！　自由のために戦ってください！」

この意味を再考し、『殺人狂時代』が、前作から、どう進展したかを考えてみたい。そのことでチャップリンの到達地点を確認しよう。

『独裁者』でチャップリンは、民主主義を守るためなら、戦ってファシストを倒すべしと言っている。この「戦い」というのは、文字通り、武器を持って戦うことである。「大量殺人」がよいとはいわないまでも、文字通り、戦場で武器を持って相手を殺し、自分は生き抜く。ファシズムのお先棒を担《かつ》がされて攻めてくる敵兵を、こちらが殺さなければ自分が殺される。要するに民主主義のために敵国兵を殺戮するのを肯定する。

ところが、一九四五年にファシズムを倒し、「民主主義派」の勝利があったという劇的変化があったとはいえ、『殺人狂時代』では、一切の人殺しを認めないところにチャップリンは到達している。異論はあるかもしれないが、私はそのように理解している。ドラスティックな（過激な）転換を宣言したのである。丁寧な論理で説得するのではなく、「戦争の大量殺人なら英雄だ」との逆説で提起している。

第二次大戦は、まだ「正義」の戦争というのがあった、と言えるのかもしれない。ファシズムに対抗しなければならなかった。アウシュビッツを看過しないためには対抗するしかなかった。さらに一九六〇年代のベトナム戦争あたりまでは、正義のために、虐げられた人たちは鉄砲をもって戦うことが認められていた。アメリカが無理無体に遠く海を越えて大量の兵器と兵隊で攻めてくる。解放戦線は子どもを含む民族の命と生活を守るために小さな鉄砲で巨大な兵器と対峙して自衛しなければならなかった。

この時点では、アルカイダもＩＳ（イスラム国）も、成立する歴史的必然性はなかった。だが、目には目を、歯には歯をという形で、暴力の連鎖がやまず、復讐が常態化して、テロリズムが公然と拡大していくなかでは、もはやいかなる正義の殺人もありえない。ひとつの殺人を肯定すれば、他の殺人を否定する根拠を放棄することになる。期せずして、無差別テロが問題を提起したともいえる。核兵器使用も含めて、すべての戦争を回避しなければならないという、極めてあたりまえの理論が平和運動の大きな流れになっていったのである。

一九四七年の『殺人狂時代』で、チャップリンは正義の戦争はない、人を殺すことがよいとの例外などあり得ないと言い切った。自衛という衣をつけようと、戦争は人殺しだから、ありえない。あってはならない。すべていかなる戦争にも反対である。アルカイダやＩＳが、非抑圧者にとっては「聖戦」の権利があるとする主張を、チャップリンは知らなかった。だが、いわばそれらも予見するかたちで、人間が人間を殺す権利は絶対にもたないとの宣言を、『殺人狂時代』で行ったのである。大きな悪を阻止するためには、小さな悪は必要悪だとの「リクツ」は成り立たない。

この映画を見たアメリカ人は驚いた。理念として拍手喝采をした人も多かったけれど、アメリカは戦争が終わるとすぐさま、反ソ反スターリンを打ち出し、ソビエトを敵視する政策に転換していた。第二次大戦は「民主主義国＝連合国側」が勝利したが、そのなかには共産主義のソビエトも含まれている。だが戦勝後の米英仏などの論理では、ソビエト連邦は、民主主義陣営ではない。当初、対ファシズム時代に、アメリカを守り、ファシズムを排除するために作った下院議会の「非米」活動委員会が、その本来の意味を逆転させて、共産主義を排斥する委員会に模様替えをする。「第二戦線」否定論がアメリカの国論になったということでもある。

「自由陣営」の国々は、この反ソ包囲網を支持することになった。たしかにスターリンの社会主義国家づくりにはあやまりが多かった。だがチャップリンは、あたかも「鉄のカーテン」論に挑戦するかのごとく、すべての戦争に反対する映画をつくった。アメリカ人は、『独裁者』の主張よりも、さらに過激な絶対平和主義者になったチャップリンに驚き、少なからぬアメリカ国民が非難の目で見ることになった。少なくとも戸惑いを感じる人は多かったとみるべきだろう。

さらにアメリカ人のなかには、チャップリンが「第二戦線」の推進者であるという記憶が鮮明に残っていた。つまり親ソビエトだということは、煎じ詰めれば共産主義者なのだと超保守派が騒ぎ立てた。チャップリンは、反ファシズムのためにはソビエト社会主義とも手を結べと必死で主張した。そのための戦時国債キャンペーンの先頭にも立った。だが時あたかも、毛沢東に率《ひき》いられた「赤い中国」が蒋介石と闘い、もう一九四九年には社会主義中国が生まれるまでになった。共産中国ができたら、世界の三分の一が、社会主義、共産主義化すると多くの国とその国民が「恐れた」。アメリカが朝鮮を舞台にして、中国とソビエトと戦わねばならないことも、そろそろ見えてくるころである。

朝鮮の三八度線をはさんで一戦を交えねばならない事態が、まだ決まったわけではないものの、予感される状況になりかかっていた。そんな時に、こともあろうに、アメリカでも世界でも、もっとも影響力のある映画人チャップリンが戦争絶対反対と言い出せば、アメリカの保守的為政者はたまらない。アメリカ人は映画が好きである。いちばん好きな映画をつくる都ハリウッドが、いかなる戦争にも反対、正義の戦争なんかありえないと言い出したら、アメリカは、とても正義を旗印にソ連と戦えない。チャップリンは、アメリカにとってもっとも怖いイヤな存在になってしまった。

本書の冒頭部を繰り返す。『ライムライト』を作ってイギリスに行くのなら、この際、もう帰ってきてほしくない。「非米活動委員会」が召喚状を出しても出頭してこないチャップリンにはほとほと困っている。世界中が愛するチャーリーをアメリカ政府が逮捕したら、アメリカ中がたいへんなことになる。逮捕は刺激が強すぎる。善良なアメリカ国民を刺激しない方法は、こんどイギリスに出かけるのなら、アメリカを出国した時に、もう帰らないでくれと宣告することだ。彼がアメリカを去れば逮捕しないですませることができる。彼はイギリス人である。最悪の事態は避けられる。アメリカ支配層はチャップリンが怖かった。同時にハリウッドの動きにもぴりぴりしていた。

第三章

裏切りと密告の時代
——「赤狩り」

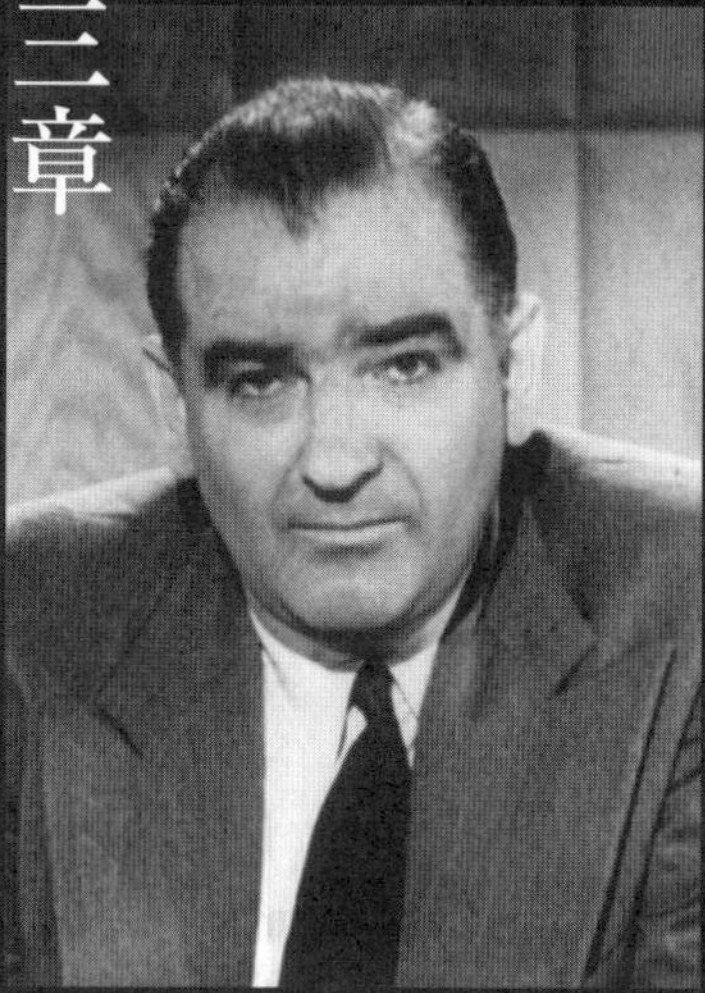

1　非米活動委員会

チャップリンは下院議会の「非米活動委員会」の尋問に出席しなかった。日本でいう国会への証人喚問であり、調査権や罰則規定などに似た権限がある委員会である。意向に添わない答え方だと「議会侮辱罪」となる。だが出席自体を拒否された委員会側は、チャップリンが大物であることや、国民の反応も考えて、強制的な呼び出しをせず、逮捕に踏み切ったりはしなかった。アメリカ政府が考えた苦肉の策が、国外「追放」であり、本書冒頭の珍問答となったのである。

もうひとりの、「赤狩り」と闘った闘士・脚本家ダルトン・トランボは徹底抗戦をしたのでほかの仲間何人かとともに有罪の判決を受けた。

脚本家トランボは、「ハリウッド・一〇《テン》人」の烙印を押されることになる。そして一九五〇年から五一年にかけて、一〇か月間、刑務所に入り、刑期を終えて出所している。

「ハリウッド・テン」というのは、アメリカ下院の「非米活動委員会」に出頭させられ、そこで委員会に「友好的」な態度を示さず、非協力をつらぬいた一〇人のことである。ダルトン・トランボ、ジョン・ハワード・ローソン、アルバート・ベッシー、レスター・コール、リング・ラードナー・ジュニア、アルバート・モルツ、サミュエル・オーニッツ（以上の七人は脚本家）。ハーバート・ビーバーマン、エドワード・ドミトリク（監督）。エイリアン・スコット（プロデューサー）。以上の一〇人である。

トランボたち非協力的な一〇人は、「議会侮辱罪」で服役させられた。彼らの服役中に、議会で尋問の委員長を務めた黒幕的大御所J・パーネル・トーマス下院議員が、脱税の罪で逮捕され有罪となり、刑務所で「テン」の服役囚と出くわす一幕もあったという。後述する映画『トランボ——ハリウッドに最も嫌われた男』のなかでもこのエピソードは描かれており、苦笑させられる。まさに笑い話。権力側の有力政治家が、この程度なのは、赤狩りという政治ショーを立ち上げた当時の支配層の質を表しているといえよう。だがこのレベルの人間が国家権力を握るといかに恐ろしいかということも教えてくれる。

刑期を終えてテンは出獄する。ブラックリストに載せられたから、映画の仕事はシャットアウトされた。失業である。以後、ブラックリストに載せられたら映画界では働けない。なまなかなことでは収まらない苦闘を強いられた。リスト搭載者は三〇〇人台だといわれるが、その予備軍はもっと多く、一万人を超える人たちが、なんらかの直接的被害をこうむったといわれる。広がりをもつのが怖いところなのだ。だがトランボたちは不屈に闘い、生計を立てるために、そして大きくはアメリカ映画の名誉のために闘いぬいた。これも後で検討したい。

『三文オペラ』などを書いた文学者ベルトルト・ブレヒトは、自分がドイツ人であることを盾にして米国議会からの尋問を拒否してアメリカから去っていった。ブレヒトと組んでいた音楽家ハンス・アイスラーはユダヤ系のドイツ人であり、大戦中にアメリカに亡命したが、戦後は「赤狩り」にひっかかり、ドイツに戻って行った。一九四八年である。後年、東ドイツの国歌を作曲する人である。ブレヒトとアイスラーは、生涯に二度の「亡命」を強いられたことになる。

チャップリン、トランボ、ブレヒト、アイスラーについては、トランボの徹底抗戦を除いては、ひとまずアメリカを出国することで一段落がついた。ではハリウッドの進歩的な良心派はどうしたか。少しさかのぼり、動きをさぐっていこう。映画人の苦闘の歴史ということになる。

アメリカの支配権力は、民主党のルーズベルト大統領の死後、副大統領から昇格したトルーマンと、それ以後の共和党アイゼンハワーになる。アイゼンハワーは、軍人としては第二次大戦の英雄として人気があったが、政治には素人であり、副大統領のニクソンがマッカーシーと近く、とにかく右往左往する保守的大統領だったようだ。その隙をねらったように、以前からあった「非米活動委員会」を超保守化して、民主勢力への攻撃起点がつくられる。アメリカの国益に反すると思われるアメリカ人の思想調査をした。「尋問」をしたのも、「非米活動委員会」である。この委員会が、「レッド・パージ」＝「赤狩り」をして、次々とブラックリストに載せたり、載せるべく画策したりした。

「非米活動委員会」について概略を説明しておこう。The House Committee on Un-American Activities のことで、略称HUACである。大戦中からあるが、はじめは「非米」の対照は、ほぼ「ナチズム」であった。ナチズムに近いものを摘発するという主旨が、戦後に逆転というか、意味を変えて「非米＝共産主義」という新しい意味を帯びて再活動をはじめる。共産主義的あるいはソビエト擁護的な匂いのするものを拡大解釈して、本来の民主主義や真にリベラルなものまで「非米」にしてしまった。アメリカの憲法が保障している思想や表現の自由までを敵視することになっていったのである。

二〇一三年二月一五日、ｗｏｗｏｗが放映したノンフィクションＷ『赤狩りとアカデミー賞』の冒頭で、赤狩りの概要を説明しているので、それを紹介しておこう。

「ハリウッドに悪夢としか呼べない暗黒の時代があった。時の権力は、映画人を追いつめ、仲間を密告することを迫った。夢の街（ハリウッド）は、たちまち裏切りの恐怖におびえた。生きるか死ぬか、映画人たちは命がけで秘密を隠した。『ローマの休日』は、暗黒の時代を生き抜いた男たちの信念の証だった。名前を隠して作品を書いた脚本家ダルトン・トランボ。危険をかえりみず身代わりを務めた親友（イアン・マクレラン・ハンター）。男たちはどうして秘密を守りとおしたのか」。つづいて、ハリウッドの暗黒史を研究しているコロンビア大学教授のヴィクター・ナヴァスキーがインタビューに答えての「なぜ映画界をねらったか」の部分。

「（非米活動）委員会は、共産党による国家転覆の証拠を、当時、もっとも人気が高い娯楽のひとつだったアメリカ映画界のなかに探し出そうとしたのです。彼らが映画界の人間だという理由からだけです。映画スターや著名人を召喚した理由は、その知名度を利用するねらいだったのです」

キネマ旬報社の書籍に『世界の映画作家』シリーズがあるが、その第17巻が「カザン／ロージーと赤狩り時代の作家たち」（小藤田千栄子編）である。一九七二年刊行。私の知る限りでは、日本でのハリウッド赤狩り関連のもので最初のまとまった解説、研究書といえよう。編集人の小藤田千栄子が書いたであろう、あとがき「編集室から」には次のようにある。いま読んでもその明晰さはまったく色あせていない。

「一九四七年の〈トルーマン・ドクトリン〉は、反共というアメリカの対外政策を鮮明にうちだしたものだといわれていますが、同時にそれは国内の思想統制にもつながっていたわけです。あたかもそれは中世の魔女狩りのような形で、国民に恐怖と不安の日々を植えつけたとも言われています。そんな時代の嵐の中で、ハリウッドの映画作家たちは、どう発言し、そして、どのような行動をとったか。……同年一〇月から始まった非米活動委員会の聴聞会は、多くの映画人を召喚し、その思想の自由、表現の自由を剥奪することになりました。……ハリウッドの赤狩りは、結果として、作家たちを三つのタイプに分けたと言えるでしょう。イーリア・カザン、エドワード・ドミトリクに代表される、いわゆる転向派、ジョセフ・ロージー、ジュールス・ダッシン等に代表されるヨーロッパへの脱出派、そしてドルトン・トランボを代表格とする最後まで主義主張を曲げなかった筋金入りの作家たち。その歩み方の是非はともかく、それは人間の生き方の問題として、興味つきないものがあります」

小藤田千栄子が、「魔女狩り」という言葉をつかっているが、「異端者」を教会が魔女裁判にかけて断罪抹殺する宗教の不寛容さから、この言葉は出ている。この時代のアメリカの異常さを表すのに適切であろう。現在アメリカの大統領ドナルド・トランプは、みずからの失政をマスコミから叩かれるのに対して、報道機関による「魔女狩り」には屈しないと反論している。だがこれは失笑もの以外の何ものでもない。「魔女狩り」は、権力が被支配者を葬り去る手段として使うものである。支配者が「魔女狩り」だと、国民に向かって被害者ぶるのは話が逆である。

なぜ赤狩りがアメリカ社会を震撼させるものになったか、それを、前述の本で岩崎昶や山田和夫が書いていることからまとめると次のようになる。

第二次大戦は戦争経済を活況化させたが、戦後の「平和」は経済発展に必ずしも役立たない。アメリカにとっては「反ソ反共」の「冷戦」のなかで、労働運動を弾圧し、次なる「戦争」への思想動員をも含めた準備を進める橋頭堡としてハリウッドを「反共」にしたかった。それが好況につながる。この委員会が映画に目をつけたのは、ハリウッドが反共になれば手っ取り早く、国民を戦争支持に引きずり込むことができるからである。「映画の派手やかな大衆性、また映画人の知名度の高さが一因となっている」と岩崎は書いている。その通りだろう。すべての映画人が「反共」で固まり、好戦的映画を作ってくれれば、支配者にはこの上なく好都合である。政府の大衆操作はたやすくなる。岩崎、山田は、まずは講座派的唯物史観による良識的かつ正統的見解であろうが、小藤田の穏健進歩的な見方とつながるものであり、的を射ているといえよう。いや、二一世紀になってからのナヴァスキー教授の解説ともほとんど一致する。とにもかくにもハリウッドに「容共」分子を無理にでも探しだして彼らを追い出そうとしたのである。

独立左派ともいうべき小川徹も『私説アメリカ映画史』（三一書房、一九七三年）で「赤狩り」に言及して、ルーズベルトの時代に育った進歩的なニューディーラーをハリウッドから排除するという政治目標があったと記している。小川は、ワイラーの『我等の生涯の最良の年』が、戦後アメリカ民主主義のめざす方向を指し示していたと推測し、その中身の一例をあげている。軍曹として復員して銀行の副頭取に昇格したフレデリック・マーチが「われわれは無担保の復員者でも、こいつは信用できる、という男に金を貸して事業をさせたい。われわれはこの国の未来を賭けた賭博を打つのだ」との、人間信頼こそ至宝という理想を提案する。

だが政治の実権を握ったトルーマンには、ワイラー流の理想論は受け入れられない。チャーチルの「鉄のカーテン」論にもあおられて、反ソ反共を国是とした軍事大国をめざすアメリカは、民主主義では世界一を保てないという考えにこりかたまった。ワイラー流の「無担保の復員者」すなわち人間信頼路線ではいけないのだ。ワイラーが、奇しくも赤狩りがはじまったとき、このまま民主主義が圧殺されるなら、『我等の生涯の最良の年』のような映画はハリウッドでは作れなくなると抗議をしている。攻撃する資本の側も、受けて立つハリウッド民主派映画人も、対立点が何であるかをわかっていたのである。表と裏がぴたり一致すると言ってよい。民主主義の中身が問われる闘いとなるのは必然である。そんななかでマッカーシーとかニクソンなどの支配側立役者もそろっての、「赤狩り」ということになる。民主派リベラルの危機は来るべくして来たのである。

「反ソ反共」で戦争準備をする国家体制に異議申し立てをする共産主義者、民主主義擁護派のハリウッド映画人は、思想信条のいかんを問わず「アメリカ憲法修正第一条」を根拠として、「第一修正条項委員会」(the Committee for the First Amendment = CFA) を結成し、「非米活動委員会」に対峙した。さらに「修正第五条」も、基本的人権を守る憲法条文だから、これにも依拠することにした。この委員会の由来を知るために、「憲法修正第一条」の条文をほぼ全文、および「修正第五条」も挙げておこう。

「憲法修正第一条――アメリカの連邦議会は、自由におこなう宗教的活動を禁止したり、言論または報道や出版の自由を制限する法律をつくることはできない。また、友好平和的に集会をし、苦情の処理を要求して、政府に対し請願する国民の権利を、侵害妨害するような法律をつくってはいけない」

「憲法修正第五条（抜粋）――何人といえども、刑事事件において、みずからに不利な供述を強制されることはない。また、正当な法の手続を踏まずに、生命、自由または財産を奪われたりすることはない」

「修正第一条・五条」に対応する日本国憲法の条文は、「第十九条　思想及び良心の自由は、これを侵してはならない」。「第二十条　信教の自由は、何人に対してもこれを保障する…」。「第二十一条　集会、結社及び言論、出版その他一切の表現の自由は、これを保障する…」あたりであることを確認しておこう。第十一条の「基本的人権」や第三八条の黙秘権条項も連動する。

2　ハリウッドの反撃

映画人は、製作者、脚本家、監督、俳優から、撮影、照明、録音、美術、衣装、大道具、小道具、さらには裾野の広がるすべての裏方も、みんながみんな表現者であり、創造者である。総合的な娯楽で、芸術でもある映画産業にたずさわることを誇りにしている。芸術創造が、人間の自由な発想から出発するものであることをむろん頭でも心でも皮膚でも感じ、それを自覚的な支えにして労働に就いている。いわゆるスタジオ・システムでの労働である（少なくとも日本では二一世紀にはほとんど雲散霧消した）。アメリカでは、多くがワーナーやフォックス、ＭＧＭ、コロンビア、パラマウント等の大手撮影所に出勤して働く。彼らは「非米活動委員会」の動きを、表現の自由や思想信条の自由を侵害する憲法違反だと考えた。だから突然に提起されてきた理不尽な攻撃に反対の団体が組織されるのは当然である。

一九四七年秋につくられた「第一修正条項委員会」は、ウィリアム・ワイラーも呼びかけ人代表の一人であるが、ジョン・ヒューストンとフィリップ・ダンが事務局的位置に座って、秘密組織ではないが、責任の所在をあいまいにすることで組織防衛をはかることを考えていたように思える。委員会の規約など存在しなかったのではないか。代表者がワイラーだとの断定も微妙にさけている。記録をあまり残さない配慮もしていたろう。多くの「赤狩り」関連書物がアメリカでも日本でも出版され、声明文が紹介され、その支持者名はわかるが、組織の実態や詳細は不明のように思われる。

だが少ないながらも記録資料はある。WOWOWの『赤狩りとアカデミー賞』では、「非米活動委員会」の「反対のキャンペーンのリーダーは監督のウィリアム・ワイラーだった」とナレーションを入れ、ワイラーがラジオ番組「ハリウッドは反撃する」で喋った言葉が紹介されている。「監督のウィリアム・ワイラーです。非米活動委員会は人々に脅威を与えて意見を表明させないようにしています。ハリウッドに恐怖をもたらし、表現の自由を奪っています」。ワイラーは中心の一人にはちがいない。だが「リーダー」が明確なポジションを表しているのかどうかまでは、半世紀後のナレーションからは断定できない。

ローレン・バコールは自伝『私一人』（山田宏一訳、一九八四年、文藝春秋）で、この委員会の声明文を書き写している。「……立憲政治を信ずるアメリカ市民として……非米活動委員会による聴聞会は、次の理由によって、倫理的に許しがたい誤った方法であるとわれわれは考える。個人の持つ政治的信条への公的な調査は、われわれの民主主義の根本理念に反するものである云々」

ワイラーは、そのキャリアや映画界の実力からいっても、「第一修正条項委員会」の代表格とならねばならなかったろう。『私一人』には、「ある晩、わたしたちの何人かが、…ウィリアム・ワイラーの家へ呼び出されて」、作戦会議のようなものを開いたと書かれている。ワイラーが、積極的に動いていることは疑う余地がない。多くのリベラル派の映画人、あるいは憲法に保障された権利を所有することの重要な意味を理解する芸術家やマスコミ関係の人々が集まってくる。署名だけでの協力者もあったようだ。

一九四七年一〇月。ロサンゼルスで、「第一修正条項委員会」が〈反・非米活動委員会〉の集会を開く。七〇〇〇人が集まったという。ハンフリー・ボガート、ローレン・バコール（ボガート夫人）、カーク・ダグラス、バート・ランカスター、ダニー・ケイ、ジーン・ケリー、シャルル・ボワイエ、ジョセフ・コットン、エドワード・G・ロビンソン、ポーレット・ゴダード、フランク・シナトラ、リタ・ヘイワース、マーナ・ロイ、ジョン・ガーフィールド、ウィリアム・ホールデン、グレゴリー・ペック、ヘンリー・フォンダ、キャサリン・ヘプバーン、フレドリック・マーチ、スターリング・ヘイドン、ジュディ・ガーランド、エヴァ・ガードナー等々。それに映画界以外からも、レナード・バーンスタイン、ベニー・グッドマン、トーマス・マンたちも。ジーン・ケリーが議長を務めたとある。

ここに挙げた大スターは、ブラックリストに載ったのだろうか。みんながみんな五〇年代から以後、ハリウッドの華々しい銀幕の歴史を彩ったスターばかりである。彼らの個々人が、どうして、「赤狩り」に批判的でありながらもハリウッドで生き残れたのか詳細はわからない。いや、カーク・ダグラスの果敢なる闘いは後述することにしたい。

とにかく当時の彼らは意気軒昂たるものがあった。その集会で選ばれた数十人がワシントンへ特別機をチャーターして、「非米活動委員会」へ抗議に出かける。ジョン・ヒューストン、フィリップ・ダン、ダニー・ケイ、ジョン・ガーフィールド（五二年に三九歳で不審死）、ジーン・ケリー、スターリング・ヘイドン等々。ボガートも代表団の一員で、若い愛妻バコールといっしょに参加する。国会議事堂で直接、議長に声明文を渡した。飛行機から降りるボギー（ボガート）夫妻の姿を写したニュースフィルムを、映画『トランボー――ハリウッドに最も嫌われた男』（二〇一五年）のなかで見つけて感慨を覚えた。この記録フィルムもそうだろうが、マスコミもこぞってハリウッド映画界を応援しての報道を流す。

ウィリアム・ワイラーはワシントンには行かなかったが、代表団出発の前日、参加する者に注意を与えたという。曰く、ネクタイをしめ、背広で、礼儀正しく、ともあれ「紳士的である」ことが肝要である等々。まさにジェントルマン。いささかピントがずれているかもしれないが、こんな紳士がリベラル派にいることは財産にちがいない。「第一修正条項委員会」の若き長老だろう。小津安二郎はワイラー・ファンだったから、ワイラーが後年日本へ来たときには、背広をきちんと着たワイラーに会って感激していることをつけ加えておこう。ワイラーが、田中絹代と撮った写真があるが、ここでもワイラーは正装している。

3　裏切りと密告

はじめは、「非米活動委員会」に反対だったハリウッドの映画会社、映画制作者たちが、ワシントンの反ソ反共の政治家たちのおどしと圧力に負けてしまう。権力はまず資本家を陥落させたのである。ワシントン行きが一九四七年一〇月だが、早くも翌一一月のことである。政府側も必死なのだ。結局、大手の映画制作者は、「非米活動委員会」に反旗をひるがえす者を映画界からパージする方に立場を変える。「ウォルドルフ・アストリア声明」である。ジャック・ワーナーのように率先して権力のお先棒をかつぐ者もいれば、心ならずも協力する会社もあったようだ。温度差があった。

「非米活動委員会」は、俳優、監督、脚本家、キャメラマン、美術、大道具小道具係などを次々に尋問に呼び出していく。尋問の問いは、次のような言葉であった。

「あなたは今、あるいはかつて共産党員でしたか?」(Are You Now or Have You Ever Been a Member of the Communist Party?)

この問い掛けが基本形である。この質問にどう答えるかによって、その映画人の、それ以後の人生が決まる。

委員会に積極的に協力する者が「友好的証人」である。ジョン・ウェイン、ゲーリー・クーパー、ロバート・テーラー、アドルフ・マンジュー、それに後に大統領になるロナルド・レーガンたち。ウォルト・ディズニーなどは以前からの超保守派である。スペイン人民戦争を擁護したヘミングウェーの小説を映画化した大作『誰がために鐘は鳴る』（一九四三年）の映画監督サム・ウッドなども、後で少し触れることになるが、「友好的証人」である。大古参の巨匠セシル・B・デミルもまた、マッカーシズムを支持する。彼らは知る限りの情報を進んで提供した。危険人物と思う人名一六二人を挙げた脚本家もいたという。ゲーリー・クーパーのように、あまり理解しないままに、気軽に支持して、あとで軌道修正したスターもいたようである。

　ハリウッドに残って、どうしても映画界で働くことを希望している者は苦境に立たされた。映画界に残らなければ生きていけないと考えて、「友好的証人」になることを決意して出頭してきたスターもいる。彼らは、自分の現在を告白した。すると、どのような活動をし、どのように資金援助を共産党にしたかを問われ、彼（女）は、進んで、あるいは渋々とその実態を答えた。これで、「友好的証人」になり、放免される…、と考えた。

　だが、甘い判断であった。それで済まなかったことに問題の深刻さがある。彼らは自分の思想信条を変えたことを告白することですでに苦しんだはずである。いや、共産党員が、考えに考えた末に、反共ないしは非共産思想になることはありうる。その逆もある。それを一方的に非難する権限は誰にもない。人間は変化し、思想は変わる、ないしは深まる。だから共産主義を捨てることを「転向」として一方的に責めたりすることは差し控えるべきだというのが二一世紀的な傾向といわれる。思想や信条が多様化しつつあるときに、思想遍歴なり思索を重ねて、主義主張は変わっていく。

共産主義者が生まれること自体、なんらかの思索や体験などのなかで、コミュニズムの本質に共感することになったからである。マルクスやレーニンの思想と行動が、それまでの自分を変えたから、少数派であることを承知で共産主義に希望を見いだしたのである。むろん労働運動の現場で、共産党こそが人間を解放するものだとの実感から運動に参加する者もいる。スターリンや毛沢東の誤りを克服して、あるべき共産主義の理論と実践にいたる者もいるにちがいない。

だが逆に、共産党の活動や労働運動のなかで、疑問を感じることもありうる。さらには海の向こうのスターリンや毛沢東が推進する共産主義建設の現実に、とても人類の未来を託することはできないと失望する場合もある。理論と実践の乖離に悩むケースもある。人間解放の理想と現実には落差がある。理想と現実の狭間《はざま》で共産主義に幻滅を感じ、そこから離れることで、実は真に生き方の道筋をみつけることになることもあろう。それもまた人間の成長の証である。共産主義が人間の生き方における唯一絶対の座標軸であるとするのが共産党であったなら、人間の思想と行動が可逆的であることを封殺するものであって、その理論と実践は、評価できなくなる。リベラルなもの、人間が本質的にもつ柔軟なものに敗北することを意味するのではないか。

子どもは、考えが変わっていくなかで成長していく。人間が人間としての定位置を獲得するためには柔軟性が重要である。究極不動の思想や信条、そしてそこから発する行動というものがあれば、それは宗教的な教条である。むろん死をまえに宗教に帰依するという思想の転換もありうる。定義なしで言葉をつかえば、ヒューマニズムへの道筋は多様なのである。

そもそも素人談義的にいえば、団塊世代以前の者の、世界の政治を見る眼は、単純化するならば資本主義のアメリカを支持するか、共産主義のソビエトをとるか、の二者択一を迫られながら育ってきたのではないか。双方に矛盾が内在するなかで、しかし、要するに反共か容共かのどちらかを選ばなければならない時代の風潮があった。この二項対立は、そのまま日本の政党政治に持ち込まれていたから、どちらかを選ばねばならない感じで人間形成をした。したがって政治に興味をもつ者も無関心派も、程度の差はあれ、理念としての共産主義社会主義を支持するかしないかを迫られながら大人になっていった。いわゆる五五年体制の成立である。この基本構図は一九六〇年の「安保闘争」あたりで、もっとも先鋭化して現れ、一九九一年のソ連崩壊まで続くわけだが、ソビエト型の共産主義や毛沢東的社会主義は、一九五六年のハンガリーやポーランドの非スターリン化を求める民主化闘争や、六六年の中国文化大革命、六八年の「プラハの春」の到来あたりで、二項対立的思考は不毛ということが次第に一般化されていったように思われる。

それにしても、この時期に自己形成した日本人は、やはり社会主義は是か非かということを迫られたように思われる。だから、「転向」という価値観も市民権をもっていたことになる。むろん、アメリカの赤狩りにおける転向問題も、価値観を転換することの道義性で判断されるわけである。だが、ソ連崩壊以後は、もう価値基準がないわけだから、リベラルとか保守とかの差別化する価値観は生きていても、もはや「今、あるいはかつて共産党員か」という問い掛けは、理解不能の不毛なものになったのではないか。価値観の転換を道義的な問題として判断する思考傾向は二一世紀に生きる中年以下の人たちには稀薄であろう。「内部告発」といった言葉は生きていても、「密告」とはニュアンスがちがう。

　思想差別や弱者蔑視の考え方は根強く生きており、それは克服課題ではあるが、社会全体の課題であって、個々人の二項対立的思考形態は、極度に希薄化しているのが現代であろう。だからアメリカの赤狩りは（日本にも思想差別は生きているが…）、理解しにくいものになっているだろう。日本人の一般的な思考形態としては希薄化している事実は認めねばならない。だが一九五〇年前後のハリウッドが危機的状況であったことは、事実であり、二一世紀のこれからも再び裏切りと密告、冤罪多発の時代が到来する危機は内在する。高度のデモクラシーが実現する社会の到来がないかぎり、排除と選別の論理は生き続ける。非民主的為政者は、それが主権者を分断するために有効であることを決して忘れはしない。

　本筋に戻る。共産党員あるいは共産主義、社会主義に距離を置くリベラル派は多い。このリベラル派は多いほど民主主義や立憲主義は盤石となろう。ヒューマニズムを共産主義が「独占」する根拠などはありえない。ハリウッドの映画人、とりわけスターの位置を獲得した者たちの多くは、リベラルではあったたし、党員の友人をもっていただろうが、共産主義者でない者が多かった。だが、共産党と無関係であることを非米活動委員会に告げない自由はある。むしろそういう自由の概念をもつ者こそがヒューマニストである。「修正第一条」では、言論の自由は保障されているし、「修正第五条」では、「みずからに不利な供述を強制されることはない」のである。いくら思想や信条には柔軟性をみとめるにせよ、人が人を殺すことは認められないし、人間の内面の思想信条を外的圧力で拘束することはあってはいけない。そのような人間としての普遍的価値観をアメリカ憲法修正第一条や第五条は保障しているのである。日本の憲法についてもそのことはむろんいえる。

「非米活動委員会」で、人間の基本的尊厳にかかわる余分な尋問事項に答えることを拒否する権利はあるはずである。だが、マッカーシズム下のアメリカは、その基本のところを踏み外していた（時を経て、アメリカ自体も、みずからの国家的大誤謬《ごびゅう》を認めるわけであるが）。「非米活動委員会」は、次の尋問事項を用意していた。それは証人が共産党員でないことがわかった者には、そのことは了解するものの、次に、「今、あるいはかつて共産党員」であった友人知人の名前を言うべし、と続いたのである。修正第一条、第五条があっても、支配権力は、都合のよい憲法解釈で斬り込んでくる。「友人」「他人」「風聞」をも尋問によって、答えさせようとした。これが一番の踏み絵になった。

4　尋問

「尋問記録」をもとに、舞台台本が書かれ、アメリカで上演された。日本でも、『ハリウッドの反乱』（エリック・ベントリー著　小池美佐子訳　影書房　一九八五年）と題して「劇団民芸」が一九八五年六月に公演している（砂防会館ホール）。出演者は北林谷栄、綿引勝彦など。一部分をこの著（台本）から引用しよう。

ここに登場する「議会侮辱罪」で下獄した監督エドワード・ドミトリク（『愛情の花咲く樹』一九五七年、『若き獅子たち』一九五八年、『ワーロック』一九五九年など）は、「テン」のなかに入っていたが、出獄の直前になって転向声明を発表して、ブラックリストから抜いてもらい、ハリウッドに復帰する。そのドミトリクが、証言拒否の時の記録と、後年の「友好的証人」として「ハリウッド・テン」組から脱落するときの様子を描いた部分を引用する。

エドワード・ドミトリクがはじめて委員会に出頭したのは、一九四七年一〇月二九日だった。第一回目の尋問。

調査官「ドミトリクさん、あなたは映画監督協会の会員ですか？」

ドミトリク氏「ストリプリングさん、そういう質問にはうらに意図があるって感じが

──」

委員長「待ってください。意図がどうのという〈感想〉はいらない。質問に答えればいいんです」……

ドミトリク氏「そういう質問には、ようやく団結したばかりの各協会を分裂させようとする意図がある。……」

調査官「あなたはいま、あるいはかつて、共産党員でしたか?」

ドミトリク氏「いや、ストリプリングさん、憲法に保障された権利という問題がある」

第二回目の尋問。第一回目のときから三年半が経過している。一九五一年四月二十五日、エドワード・ドミトリクがふたたび委員会に現れた。

ドミトリク氏「状況がかわったんです」……

調査官「あなたには、ハリウッドにおける共産党のほんとうの目的がなにか、お話していただきたい」

ドミトリク氏「かれらの目的は三つ、金をつくること、威信をもつこと、それに映画の内容を管理することでした。映画の内容を管理するたったひとつの手が、協会や組合を乗っとることでした」

調査官「映画協会にはどのくらいの人がいたんですか?」

ドミトリク氏「二百三十人です」
調査官「そのなかに共産党員は何人かいましたか?」
ドミトリク氏「七人です」
調査官「名前をあげていただけますか?」
ドミトリク氏「フランク・タール、ハーバート・ビーバーマン、ジャック・ベリー、キングス通りに住んでいるベリーです、バーナード・ヴォーハウス、ジュールス・ダッシン、わたし」

多分、「委員会」は、すでに共産党員などの名簿は、他の「友好的証人」たちから聞き知っていたろう。独自調査もしたはずで、多くは調査済みなのだ。肝心なのは、「委員会」の威信のもとに隷属させて、本人に対して「友好的証人」になったことを自覚させたいのである。そして忠誠を誓った事実を国民の前に発表してみせたいのである。微々たる内容でもよいのだ。権力者の常套的手法である。そのことをドミトリクは自分でもむろん承知していた。「私の実際の党員経験は大したものではなく、HUACが未確認の党員名を新たに提供するのは不可能とわかると、決心はずっと楽になった」としている。ドミトリクには彼流の言い訳は他にもあったようだ(『ハリウッドの密告者』ヴィクター・S・ナヴィスキー著、三宅義子訳、論創社、二〇〇八年)。
ドミトリクが、共産党員の仲間を挙げているなかで、独自の生き方を選んで映画史に大きく残るのはジュールス・ダッシン監督であろう。ドミトリクに告発されたからだけではなかろうが、渡欧中のダッシンはその後も帰国せずにヨーロッパで非転向のまま監督を続けた。俳優もやった。代表的演出作品に、最初二〇分以上にわたって音楽もセリフもほとんどないフィルムノアールの最高作『男の争い』(仏、一九五五年)、キリストの受難劇のスタイルを借りての抵抗映画『宿命』(仏・伊、一九五七年)があり、映画史を飾る傑作である。渡欧前の『裸の町』(一九四八年)もまたアメリカ映画の栄光を刻むセミドキュメンタリードラマである。ラストのニューヨークの橋の上のシーンが印象的。谷川俊太郎が、自作「ネロ」のなかで読み込んでいるウィリアムスバーグ橋のことである。後年、ギリシャの民主政府の大臣となるメリナ・メルクーリと結婚し、『日曜はダメよ』(一九六〇年)では共演し、演出もしている。

アメリカを去る、あるいは「亡命」した者もいた。ジョセフ・ロージーは、そのことで転向や密告から逃れることができた例である。ロージーは、「赤狩り」以前の『緑色の髪の少年』(一九四八年)で、髪の色がちがうことで人間を選別し、排除する社会の恐ろしさを、あまり上できではなく描いたが、彼は「排除」社会になったアメリカを去ることで、みずからの思想と感性を守り抜いた。英国への逃亡資金は借金をしてつくったといわれる。『恋』(一九七一年)で、カンヌでグランプリを獲得して、晩節をまっとうして大成した。

アメリカに残ったハリウッド・テンのハーバート・ビーバーマンは、ブラックリストに載せられた者を中心に一九五四年に『地の塩』を監督し、いち早く実名で映画づくりを再開する。戦闘的で非妥協的なデモクラット（あるいはコミュニスト）である。大きな劇場では上映できなかった。『地の塩』は、今では観ることが難しいようだが、日本では一九七七年頃に「映画『地の塩』全国普及委員会」が結成されて、上映運動がされている。当時、観た記憶はあるが、厳しい労働の実態が描かれていた以外のことは覚えていない。ついでながら『地の塩』のシナリオを書いたマイケル・ウィルソンには、ワイラーが監督した『友情ある説得』（一九五六年）があるが、『戦場にかける橋』（一九五七年）と『アラビアのロレンス』（一九六二年）は、製作公開当時は、ブラックリスティ＝ブラックリストに載せられた人なのでクレジットされなかった。現在では名誉回復して、これまた不屈のライターで、不朽の名作をのこしたことになる。

だが不屈の意志と、どこへ行っても咲かせる華をもつ人たちは、それぞれの道を開拓できたが、運にもめぐまれず、抜きん出た力量をもたなかった、しかし誠実な民主派映画人の多くが、映画の世界から脱落して、失意の人生を送らねばならなかった。自殺者も少なくなかったとされる。

5 「私の名前はジョン・フォード」

順序が後先するが、ジョン・フォードが、「赤狩り」問題で一定の役割、胸のすくようなみごとな一幕を見せてくれるのを紹介しておきたい。どこで登場するのか。前節のドミトリクの尋問のところでもわかるが、「非米活動委員会」の動きは大きく二回に分けられる。第一回が一九四七年一〇月であり、次が一九五一年からの第二回尋問である。ジョン・フォードが登場するのは、その中間である。

蓮實重彦の一文を引こう。アメリカ映画史の有名な一挿話である。

「ダルトン・トランボは、スクリーン・ライターズ・ギルド（映画脚本家組合）と映画製作者連盟に対して、反共映画を作ることで国民を戦争へと駆りたてるのをやめるように非難する。ギルドはその非難に、組織の存続をあやういものにする挑発だと応じる。いっぽう反共主義者セシル・B・デミル（『地上最大のショー』一九五二年『十戒』一九五六年などのハリウッド最古参の巨匠）が会長をつとめるスクリーン・ディレクターズ・ギルド（映画監督組合）では、監督たちに合衆国への忠誠を誓わせようとする動きがもちあがる。デミルは全会員に、率先して忠誠を誓うようにとの書簡を発表する。……デミルの計画を粉砕する唯一の方法はギルドの総会を開き、新たな会長に（ジョセフ・L）マンキーウィッツ（『三人の妻への手紙』一九四九年、『イヴの総て』一九五〇年）を選出することだという結論に達する。……必要な署名を集め、マンキーウィッツの出馬を要請する。……

ギルドの緊急総会は一九五〇年十月十五日の日曜日に、ビヴァリー・ヒルズ・ホテルで開催される。開会の演説の中で、マンキーウィッツはブラック・リストにも忠誠の宣誓にも反対の意志を表明し、デミルとの応酬が始まる。ジョージ・スティーブンスが介入し、議論は果てしなく続く。真夜中を過ぎたころ、それまでパイプをくゆらせて黙っていた一人の男が立ち上がる。

〈私の名前はジョン・フォード、ウェスタンを撮っている者です。アメリカの観客全員がデミルをどれほど深く愛しているかはよく存じている。だが今夜のデミルの振る舞いは気に入らない。私としてはマンキーウィッツに信任の一票を投じたい。そして家に帰って眠ろうじゃあないか。みんな、明日には撮影をひかえているんだろう〉。この一言でデミルの宣誓路線は敗れ去る」

(『ハリウッド映画史講義』筑摩書房　一九九三年　括弧内は筆者の補足)

だが半年後の一九五一年三月から、「非米活動委員会」が再開され、今度はマッカーシー議員も前面に出て来ての厳しい二回目の「尋問」が大規模に行われることになる。この段階でドミトリクが「状況が変わったのです」と転向して「友好的証人」に鞍替えすることは前述した。

ジョン・フォードは、説明するまでもなく『駅馬車』(一九三九年)、『怒りの葡萄』(ジョン・スタインベック原作)、『荒野の決闘』(一九四六年)などの国民的巨匠であるが、根っからのアメリカびいきであり、その時々のアメリカの国策をほぼ支持しながら映画だけに熱中する「映画バカ」のような存在である。『怒りの葡萄』のような社会主義的な作品もある。『怒りの葡萄』ラストの母親の言葉には、何度見ても感動する。

母「女はひとつの流れなのさ。小川もあり、渦も滝もあって河は流れつづけるのさ。それが女の生きかたさ」

父「だけどおれたちは打ちのめされている」

母「わかっているよ。それで強くなるんだ。金持は死ぬとその子が悪ければ跡がたえてしま

J・ダーウェル（左）とH・フォンダ（中央）『怒りの葡萄』

う。でも私たちは次代のある生きた民衆なんだ！　私たちは全滅させられることはない。永久に生きるんだ。私たちは民衆なのだから」（シナリオはナナリイ・ジョンソン「キネマ旬報」№320より）

そう、ジェーン・ダーウェルが演じた母は、まさに「民衆の母」だった。この一本があるだけでも、私は「わが愛するアメリカ」という思いを捨て去ることができない。いくら「赤狩り」というマイナスがあったにしてもである。それはニューディール時代の、いわばフォードにとっての愛国映画なのである。アメリカの中下層の働く者が力を合わせて不況を乗り越えるという国の方針に同調した気分が作品に表れている。同じく社会主義的傾向がある一九四一年の『わが谷は緑なりき』は、「修正第一条委員会」でジョン・ヒューストンとともに事務局を担当するフィリップ・ダンがシナリオを書いている秀作である。これもまたニューディール路線であり、貧しい労働者の家族愛の物語である。

一方でフォードは、海軍士官学校（ウエスト・ポイント）の教官として勤めたタイロン・パワー扮する文字通りの愛国者を描いた『長い灰色の線』（一九五四年）もある。フォードにとっては同じ愛国でつながっているから矛盾ではない。晩年には、『シャイアン』（一九六四年）で、居留地におしこめられたネイティブたちにアメリカ史の負の原点を見て涙を流す作品もつくる。ネイティブを「悪者」とした『駅馬車』からは真逆の地点に立つことになる。その矛盾にみちた姿も、祖国米国を愛するからという曖昧な言葉でケリがつくような、そんな映画作家である。

私は駅馬車が走るモニュメントバレーには行ってみたいと今でも思い続けている。彼の孫であるダン・フォードが書いた『ジョン・フォード伝』（文藝春秋　一九八七年）の一節を引用して、フォードでさえ、赤狩りはファナティックなものにしか見えず、それは愛国とはほど遠いものであったという補足をして、この節を終わっておこう。「フォードは平均的アメリカ人にくらべて、より保守的な思想の持主で、より体制的人間であったが、戦争体験を経た彼の目にはＨＵＡＣ（非米活動委員会）のハリウッド査察が〈弱い者いじめ〉そのものに映り、ただちに非難の対象にされたハリウッド人の擁護にたちあがった。……だが、ＨＵＡＣを向うに回してリベラルな反抗を行ったにしても、フォードの根本にある右寄りの姿勢はかわらなかった。第一の興味はアメリカの軍隊の伝統を称揚することにあり、そのほかに……もうかる映画を作る使命があった」

6　エリア・カザン私見

エリア・カザンは、非米活動委員会の要請に応じて友好的証人となり、密告者となった。一九八九年にカザンがアカデミー特別賞を受賞したときの、会場の騒然とした雰囲気を私もテレビ画面を見て覚えている。スタンディング・オベーションをする者、拒否する俳優、会場前で「密告者」だから、エリア・カザンの授賞は反対だとデモをする一群。後年二〇一三年の『赤狩りとアカデミー賞』（WOWOW）では、「嘘つきエリア」「地獄におちろ」などのプラカードを持った人たちをうつしていた。事前にニューヨーク・タイムズには、名誉賞受賞に反対する映画人がいると載ったそうだし、実際に「ヴァラエティ」にはカザンを非難する一ページ広告が出たという。リチャード・ドレイファスが、盛んにカザンの授賞反対に動いていた。カザンは、ロバート・デ・ニーロとマーチン・スコセッシにエスコートされて授賞式に臨んだが、後述の「赤狩り」を描いた『真実の瞬間』では、デ・ニーロとスコセッシが、密告反対をつらぬく役で出演していた。皮肉な巡り合わせである。ともかく、この二人はいかなる内面の事情はあったにしろ、カザンの授賞を祝福する側だった。村川英が「キネマ旬報」（一九九九年五月上旬号）に書いているところでは、カザンの授賞に、ウォーレン・ベイティ、カール・マルデン、メリル・ストリープは立ち上がって拍手をし、ニック・ノルティ、エド・ハリスは拒否の態度だったという。

『波止場』（一九五四年）でマーロン・ブランドに確固たる位置を与え、ジェームス・ディーンを瞬時にスターにした『エデンの東』（一九五五年）を演出したエリア・カザンは、それのみで記憶されてこと足りる人ではないが、「ハリウッド・テン」には入っていなかったものの、はじめは「非友好的」に権力の重圧に抗していた。だが彼は望んで証人となり、自主的に「転向」し、一一人の名前を密告し、ハリウッドや演劇界で再活動するパスポートを獲得する。以後、『波止場』『エデンの東』その他多くの名作を発表し、監督としての不動の位置を獲得する。だがこの二作品も含めて、「転向」の自己弁明が匂うのは誰もが知るところである。転向にいたる内面的葛藤があったから名作ができたのかどうかの判断は難しいところであるが、映画史の総括は、映画はすぐれているが、「密告」は許せないという記述が多数である。ともあれ、その自己弁明を自作映画のなかでカザンは繰り広げることになる。

『草原の輝き』（一九六一年）は、カザンの「映画術」としてはみごとであり心を動かされる「秀作」であり、映画の完成度としてもまずは一級品である。演出力がなまなかなものでない。一九二九年の大恐慌が、国の根幹を揺るがすものであったと正確に描いている。あるいはカザンが共産党員になる遠因は、大恐慌をどう克服するかという二〇世紀アメリカの最大の課題への国家的対処と無縁ではなかっただろう。セリフに、母親が娘のボーイフレンドを「ニューディール派？」と尋ねるところがある。字幕には「改革派」とあった。この映画、愛する男女が別れて別々の人生を歩むことになるラストで、ヒロインの女性（ナタリー・ウッド）は、ワーズワースの詩の一節を口ずさんで、みずからの青春を、これでよかったのだと自己肯定する。

ワーズワースの「草原の輝き」の一節は次の通り。

「かつて、あれほど明るかった栄光の輝きも、今は私の眼前から消えた。草原の輝きは戻らず、花は命を失ったが、嘆くことはない。残されたものに力を見いだすのだ」（NHK放映字幕より）。

これはみずからの思想と信条を変えていったカザン自身の弁明としての性格を濃厚にもつと考え得る表現である。思想の変転はありうるし、成長する人間にとって必然であることはすでに述べた。カザンを単純に責めることはしたくない。だが、ワーズワースの詩の一節を引用して、「嘆くことはない。残されたものに力を見いだすのだ」と、映画のなかで三回も繰り返すことで、カザンの内面はさらにくっきりと浮かび上がる。映画は、愛しあった二人が別々の人生を歩むことになるところで終わる。

映画の中での自己弁明は、見ていて痛々しい。たとえ人間は変化変転するものであるにはせよ、そして映画的には説得的であったにしても、これほど弁明をしなければならないのだろうか。正邪善悪の問題としては判断しないが、カザンの転向が、「成長」だったのかどうかについては、測りがたいものを感じざるをえない。「友好的証人」になって、昔の仲間について「非米活動委員会」での尋問で、知る限りのことを喋ることが許容範囲なのかどうかになると判断は難しい。みずからの人生観や生き方のなかで、どのように正当化できるのか。それを受けとめる、被密告者がどうであったか。

ダルトン・トランボは言う。「ぼくが軽蔑を感じる相手というのはカザンもその一人なのだが、自分より弱くて自己防衛できない者たちを引きずり出したからだ。そして、彼の場合は多分活動範囲は狭まるとしても最低限、芝居は続けられたはずで、名声から言ってもこの打撃はしのげたと思う。……必ずカムバックできたはずだ」（『ハリウッドの密告者』）

カザンに密告された人たちに思いをはせる。そして、本質的に密告が、私が述べてきたように、人間は本質的に可変的であり、いや可変的であるべきであり、思想の変転や深まりは必然的であるということと背馳するのかどうか、ということになると、かんたんに割りきるわけにはいかないように思われる。カネや地位がからむとまた質が変わってくる。やはりカザンの「友好的証人」への転向はあるべき姿としては受け入れられないのではないか。許せないが、第三者が断罪してかんたんに済ませることではないとの気分が残る。しかし、そのように断定してよいのだろうか……。

カザンの自伝を訳した村川英が前述のアカデミー賞関連文章のなかで次のように感想を記しているので、少し長くなるが引用してみる。

「何故、カザンはこの名誉賞を辞退しなかったのだろうか。彼の選択は辞退というのが、もっとも妥当なものではなかったか。自伝の中で自分が名前をあげた人々への言及がある。その人々への深い罪の意識を読めば、カザンが人々の言うように、〈人でなし〉であったとは、到底思えない。それを知りつつ、人生の最後でまた、あの屈辱の日々を再現するような苦い思いまで味わって、何故、名誉賞を受け入れたのであろうか。……だがそれでも授賞を受け入れた彼の心情を考えてみる。自分のやったことは間違っていないと自伝に詳細に綴った延長上の行為ではなかったか。非難を承知の上で、アカデミー名誉賞というステータスを受け入れることが彼にとって必要ではなかったのか。少数移民（吉村注・トルコのコンスタンチノープルから）の子どもとして、アメリカでエスタブリッシュに受け入れられ、成功すること。赤狩りの嵐の中でアメリカで映画を作り続けることが、カザンにとって必要なことだったように。彼の生涯をたどってみると、アングロサクソン風の価値観とちがうものを強く感じるのである」

文中の「少数民族」と「アングロサクソン風の価値観」というのが、日本人である私には、どこかで、納得まではできないにしろ、ある種の理解はできるように思う。

🎥

裏切りと密告の時代がハリウッドにやってきたのが、前節で引用した演劇台本『ハリウッドの反乱』による証言の部分でよくわかる。なにしろ議会の議事録をもとにして書かれているから、ドラマ用の創作ではない。

映画製作会社に関連した職業人は、いつ「密告」によって、背後から刺されるかわからない。誰もが不安な日々をすごさねばならない。反ファシズム＝危険人物になってしまうかもしれない。「他人を見たらドロボーと思え」式な人間不信に陥る。怖い時代である。個人がどうかよりも社会がマスヒステリア（集団ヒステリー）になったこわい社会である。

とはいえジョセフ・マッカーシーが突然あらわれて、たった五年間くらい、そして彼が一九五七年に死去したのちに、急速に、このマスヒステリア的「赤狩り」「民主主義狩り」は後退していく。ようやくアメリカの悪夢の時代は終わろうとしていた。

消えていった経過を知ってみると、人間の狭量さを見せつけられる気がする。突然の「魔女狩り」も、熱が冷めたら終わっていた。だが、後に残った傷の大きさは計り知れない。ファシズムの盛衰もそうだが、人間は、このような狂気をどこかで内在させているのかもしれない。それはともかく、誰もが疑心暗鬼になって、オカミのいうままになるのが、支配者にとってはつごうがよい。第二次大戦後、社会主義や共産主義が現実となって出現してきたときに、世界第一の大国にのしあがったアメリカが、民主主義の未成熟の脆弱さを突然に露呈したということだろう。

同時に、マッカーシズムと闘った人々、あるいは彼らを陰で支えた大きな層があったことも忘れてはならない。人間の叡智や勇気である。カザンやドミトリクのような人間の弱さをみせつけられるのが「赤狩り」であるが、それらに抵抗する人がいて、それを支える名もなき民衆の存在を教えてくれるのも「赤狩り」との闘いである。アメリカ民主主義の弱さを見せつけられるが、はねつける力もアメリカはもっていた。反ソ反共だけでは民主主義アメリカは機能しないことを肌で感じる人たちも健在だったのである。そんな良識派がアメリカ民主主義のなかで、地道に育っていたし、これからも育つのを信じることから、人々の民主的で平和な明日が展望できるというものである。何もそれは海を越えた遠い国の話ではないだろう。

7　ダルトン・トランボ——ハリウッド・テン

次は雑誌に書いた『トランボ——ハリウッドに最も嫌われた男』（二〇一五年）の映画評である。

『ローマの休日』（一九五三年）は、シナリオ段階では『王女と無骨者』だったとはじめて知った。言われてみればオードリー・ヘプバーンの王女に対してグレゴリー・ペックの新聞記者は，無骨で野暮でさえある。その記者が、王女が好きになって少しずつ優しさや柔軟さが生まれてくる。この映画は王女の成長物語であるが、記者もまた微妙な心に生まれ変わっていく。だから『ローマの休日』は恋愛ドラマとして不朽のものになった。

さて本作は、『ローマの休日』のシナリオを書いたダルトン・トランボの数奇な生涯を描いたもの。だが「ハリウッドに最も嫌われた男」と日本語サブタイトルがついているのでわかるが、ハリウッドの実力派ライターが共産主義者との烙印を押されて窮地に陥るが、映画資本とその後ろにいるアメリカの反共戦争勢力と果敢に闘う、そのトランボの闘いを、家族の物語もまじえながら描いたものである。

トランボは、売れっ子ライターで、実力があるから書けばヒット映画となる。執筆料も高くなり金持ちになる。だが彼は反戦活動家で、素朴なコミュニストなのである。「裕福で、家族と幸福に暮らしているのに、なぜ共産主義者なのだ」とひやかされている。

だが第二次大戦が終わってソ連を中心とする社会主義国との対立が深まるにつれ、ハリウッドでは、ソ連と内通する映画をつくらせないとして「赤狩り」が始まる。その一番手の犠牲者が「ハリウッド一〇人《テン》」であり、その中心がトランボ。映画資本家からすると、もっとも社会的に影響力がある映画界に「アカ」や反戦派がいては困るのである。

さて、『ローマの休日』であるが、トランボは政府に反抗したということで国家侮辱罪で投獄された経験があり、誰も彼のシナリオを買ってくれない。政府役人との軽妙な台詞のやりとりがある。「君はコミュニストか?」「医者と相談しなければわからない」「なぜだ?」「手術して〈良心〉を摘出して、尋ねてみれば答がでるだろう」。ユーモアに託してのみごとな反抗精神である。

結局、『ローマの休日』は、友人イアン・マクレラン・ハンターの名前でシナリオを売る。ハンターは名義貸し賃として三割の執筆料を受け取る。アカデミー脚本賞はハンターが貰い受けるが、ハンターもトランボと同じ反戦派だから、自作でないのに受賞者になるのは良心に恥じる。そんな友情物語も点描される。

『ローマの休日』は、今の若い人にも人気があるが、ＤＶＤで丁寧に見ると最初のクレジットのなかに、シナリオは「ダルトン・トランボ」と明記されている。だが封切り当時のフィルムにはハンターの名前だけでトランボの名は出てこない。この映画のラストで、トランボが『ローマの休日』で正式にアカデミー賞を受賞するのは、映画ができて四一年後であったとわかる。だが、すでにトランボ没後一七年である。なんとも残酷な話。夫人がオスカーを受け取ったのである。夫人の感慨は深かっただろう。猛烈な「赤狩り」旋風と闘ったのはトランボだけではない。妻や子どもたちも世間から冷たい目にさらされながら耐えたのである。この映画はトランボと彼を支えた家族愛の物語でもあって、無味乾燥な政治映画ではない。

ジョン・ウェインが実名で登場する。彼は「赤狩り」推進派であり、トランボに悪罵をなげつける。他にも実名で出てくるハリウッド人が多いが、そのなかでエドワード・G・ロビンソンがいる。彼は、赤狩りに屈服して、民主派の友人トランボ等の名前を密告してしまう。いわゆる転向者である。このロビンソンの弁明は悲痛である。「トランボたちは偽名で『ローマの休日』などのシナリオを発表して、生活が維持できる。だが、〈顔〉で売る俳優は、偽名で隠れることができないのです。生きるためには赤狩りに協力せざるをえなかった」。ロビンソンはハリウッドの映画史に輝く個性派の名優である。日本でも「共謀罪」ができると密告社会になりそうである。赤狩りはアメリカ政府が「まちがいであった」と正式に認めて、アメリカ民主主義の悪夢の遺産として歴史に残っている。

カーク・ダグラスという名優が、トランボの復権を助けて大作名画『スパルタカス』を制作するエピソードがでてくる。権力に反抗してダグラスは、この映画で「危険人物」トランボに実名でシナリオを書かせる。かくして復権したトランボは、晩年、原作・脚本・監督を一人でやってのけた反戦映画の傑作『ジョニーは戦場に行った』を発表して映画界にカムバックする。

（雑誌「福祉のひろば」二〇一七年七月号　社会福祉法人大阪福祉事業団）

監督はジェイ・ローチで、トランボを演じるのはブライアン・クランストン、妻はダイアン・レインである。この映画評には書かなかったが、赤狩りを称賛した有名な女性コラムニストのヘッダ・ホッパーを、老名優ヘレン・ミレンが、いわばスマートに、しかし冷たい反共的知性を光らせて好演しているのも印象的である。文中のエドワード・G・ロビンソンは『犯罪王リコ』（一九三一年）や『深夜の告白』（一九四四年）が有名な名優である。

トランボを中心において、「赤狩り」の真相を映像で描いたものをみるとやはり迫力があり、イメージがしっかりと焼きつけられる。二〇一六年度のキネマ旬報のベストテン第四位。マッカーシズムのことも教えてくれるが、それを教科書的に描くのではなく、映像として、「赤狩り」という名の「民主主義狩り」をすぐれたドラマに仕上げているのがよい。「キネマ旬報」（No.1739）をみると、ベストワンに投票している評論家が五人いる。五人のうち、おおむら良は、「赤狩りの実態だけでなく、仕事や家族の絆などが重層的に描かれていて見ごたえがあった」と短評を添えている。川本三郎は「〈ハリウッドともっともよく戦った男〉トランボをよくぞ映画にした。赤狩りをこれほどきちんと描いた映画はない。勝者も裏切者もいない。トランボがいうように〈犠牲者がいただけだった〉。批判すべき相手を間ちがえてはいけない。こういう良心的な映画が公開された年に、トランプが大統領に選ばれるとは、暗然とする」と書き、現代の政治とつなげている。あるいは、日本の政治の現実を考えると、この映画『トランボ』は、もっと切実な意味を、私たちの国でも持つことになる。一九七二年に、キネマ旬報が『カザン／ロージーと赤狩り時代の作家たち』の「編集人」をつとめた小藤田千栄子がベストワンに選出している。あれから四五年である。感慨深かったろう。

雑誌「キネマ旬報」は、二〇一五年から一七年にかけて、かなりのスペースをさいて、「赤狩り」「共謀罪」「治安維持法」そして戦争にふれて、危機感を表明している（No.1722、No.1748、No.1754ほか）。「戦後70年目の戦争映画特集」（No.1696）を増刊号として、まるまる非戦の思いを一冊にまとめたのは特筆に値する。編集人・前野裕一が、編集後記に書いた一節を映画愛好家は正面から受け止めねばなるまい。「2015年、どんな世界になっているか皆目見当もつかない。しかし、その年が戦後170年であることを、いま強く願っている」。映画雑誌としてはめずらしい。ハリウッドの「赤狩り」のような悲劇は、むろん戦争も含めてだが世界の映画界が連帯責任を持って再発を防がねばならぬということの暗示的表明ともとれる。映画ファンは、より豊かな映画を見るためにも、他人事として流してしまってはならないだろう。

8　密告の拒否――山田洋次『隠し剣 鬼の爪』、そして『母べえ』

日本映画について寄り道する。山田洋次映画に、永瀬正敏と松たか子主演の時代劇『隠し剣鬼の爪』（二〇〇四年）がある。制作年代は、『たそがれ清兵衛』（二〇〇二年）と、『武士の一分』（二〇〇六年）の間に入り、時代劇三部作と呼び慣わされる。この三作は、『男はつらいよ』以後、山田の生涯を通しての高揚期の作品で、とりわけ見ごたえのある傑作群である。

時代設定は幕末。東北の小さな藩の江戸屋敷で謀反が発覚。藩は、中心人物の狭間《はざま》弥市郎（小澤征悦《ゆきよし》）を国元に返し、死罪よりも重いといわれる山奥の牢獄に監禁する。藩の重臣たちは、最終的にどのような処罰を与えるかで迷う。狭間の同志や一味がいるかもしれない。剣の使い手といわれる狭間の親友・片桐宗蔵《むねぞう》（永瀬正敏）が、家老に呼ばれる。緒形拳が憎々しい家老の堀将監《しょうげん》を好演している。部下である宗蔵を呼び、堀と目付の役人からの尋問が始まる。山形庄内弁をつかっている。映画画面と台本より。

役人「では、始める。江戸勤番馬回り役狭間弥市郎を知っておるな。お前とはどのようなつながりがあったか、包み隠さずご家老さ申し上げれ」

宗蔵「私と狭間は戸田先生から剣を教えてもらった、言わば兄弟弟子でがんす」

堀「戸田？　ああ、あの変人か」
役人「すると、お前と狭間はよほど親しい仲であったのか」
宗蔵「お尋ねいたします。一体、狭間は何の科《とが》を受けたんでがんしょうか」
役人「控えれ！　貴様は聞かれたことにお答えすればいい。大目付に口答えするとは何事だ！
（中略）狭間が江戸詰めになったのは三年前だが、手紙のやり取りなどはあったか」
宗蔵「二度か三度、年賀の挨拶などやり取りはいたしましたども」
堀「（身を乗り出して）おい、片桐、この家中《かちゅう》で狭間と親しくしておったものは誰と誰だ。お前なら知っておろう」
役人「これは戸田寛斎の門下生の名簿である。お前の名前もあるが、この中で狭間と特に親しくしておったものの名前、言ってみれ」
宗蔵「（その名簿を横にのけて）私は知りましね。仮にわかっていたとしても、その名前申し上げるようなことはできましね」
堀「（顔色を変えて）できぬだと！　なにゆえだ」
宗蔵「仲間を密告するなんていうことは侍のすべきことではねえって、教わりました」
堀「（やにわに扇子《せんす》で宗蔵の頬をうち）これは藩の大事であるぞ。たかが三、四十石とりの平侍の癖に、生意気な口をきくな、わしを誰だと思っているのだ！」
まるで「非米活動委員会」の尋問シーンである。日本の戦前「治安維持法」下のやりとりを彷彿とさせるではないか。明らかに山田は「治安維持法」の恐ろしさを意識し、「監視社会」の再来を危惧している。そこで密告を拒否する下級武士の意地を通して、生活者が必死で圧政に抗している様子を描こうとしている。同時にこのシーンは、ハリウッドのマッカーシズムを想起させる。戦前の軍国主義下の戦争その他を語り継ぐのは昭和ヒトケタ代の任務だと言い続けている山田洋次の面目がここに表れている。山田の「一分」でもある。

最後、宗蔵は、身分に縛られ、友情を力で破壊していく非人間的武士社会を拒否する。侍をやめて商人にでもなろうと、農民の志乃（松たか子）にプロポーズし二人で北海道＝蝦夷の地へ向かうことになる。

宗蔵が尋問されるシーンの撮影を、私は松竹京都の太秦撮影所で見学している。永瀬正敏が必死の形相で撮影に臨んでいた。緒形拳の憎々しい演技に目を見張った。山田監督が何度も永瀬たちに注文を出していたのも忘れがたい。二〇〇四年四月二一日のことなのだが、その時の記録メモが残っているので脱線をして記しておこう。

その前日、私と東京から合流した大月書店編集部のM氏とともに、松竹のY氏（とその夫人）に連れられて京都府亀岡市に出向いた。亀岡でロケをし、Y氏はロケに随行しているので、後追い見学をしたのである。宗蔵の自宅の庭など、多分、一週間ほどのロケをしたと推測されるが、この地の小さな川のほとりで、有名なラストシーンを撮影。山田洋次にしては、珍しく順撮りの原則を破って、早々とロケのシーンをまとめ撮りをしたわけである。このラストは、宗像が志乃にプロポーズする四分半のワンカット＝ワンシーンで評判になったものである。

『隠し剣 鬼の爪』については、「赤狩り」とのつながりをもふまえて拙著『山田洋次×藤沢周平』（大月書店、二〇〇四年）で論じているので省く。当時、山田は、この映画の「今の時代との共通性」を問われて、「強いて挙げれば、……先のことが予見できない、希望より不安が大きい時代であるというのは、今に通じるかもしれない」と答えているのは印象的である。亀岡のロケシーンを興奮気味に後追い見学をしたあと、京都に赴いたが、同行のM氏は、京都で学生時代を送っているので、当時を思い出すことしきりのようで、氏が「わが青春」を語るのを聞いたのが懐かしい。

さらに山田洋次『母べえ』（二〇〇八年）の二つのシーンの会話を引用しておきたい。戦中、民主的思想をもった大学教員の野上滋（坂東三津五郎）が、単にその思想の故に治安維持法違反ということで逮捕される。

妻の佳代（吉永小百合）は、夫が拘置所で読みたいというカントやヘーゲルの本を、夫の恩師二階堂の自宅へ借りにいく。そこでの恩師と佳代の会話。

佳代「いったい何であんなに酷《ひど》い目にあわなければいけないのかしら、と」

二階堂「酷い目と、あなたはまるで被害者のようにおっしゃるけど、野上君は法を犯したという容疑で逮捕されたんですからね」
佳代「野上は何も悪いことはしていません」
二階堂「悪いことをしたかしないかは法に照らして決めることでしょう。確かに治安維持法は悪法だと思います。しかし、いくら悪法でも法は法だから、法治国家の国民としてはまもらなければならない。そうじゃないとこの国の秩序は目茶苦茶になってしまう」

検事局・取調室。野上の大学での教え子杉本（吹越満）が、いまは担当検事として野上の前に現れる。
杉本「私は、……野上先生のドイツ語の講義を受けました。テキストはヘルマン・ヘッセでした。……あなたの書いた手記だが、全部書き直し」
野上「何故？」
杉本「この内容では過去を清算したとは認められない。……言葉の使い方をみればわかる。ほんのひとつの例だが、あなたは支那事変のことを〈戦争〉と書いているがこれは〈聖戦〉と書くのが常識なんだ」
野上「聖戦？　君は本気で支那事変を聖なる戦いだと思ってるのか、杉本君」
杉本「（杉本の顔が見る見る青ざめる）ぶ、無礼だぞ、私を君《くん》づけで呼ぶなんて！」
野上「失礼しました。杉本検事」

杉本「あなたのような考えの人を世間では何と言うか知ってますか。国賊ですよ、先生」

余分な注釈は不要。ヘルマン・ヘッセの叙情的な青春放浪記を愛読した純真な文学的素養を持った青年が、いつか冷酷な杓子定規な法の番人としての検事になるのだ。黒澤明『我が青春に悔いなし』(一九四六年)には、転向して検事になった男(河野秋武)が描かれていたのを思い出す。「治安維持法」時代を知る山田洋次は、「この時代を知っている者の責任」という意味の言葉を時として使うが、ともあれ、立憲政治とは名ばかりの独裁的政治や、治安維持法的なものがまかりとおる社会は恐ろしい。「悪法でも法だから」という時代が到来したらたまったものではない。いや、二一世紀のいま、「確かに悪法」だとわかる法が次々と強行されているのが現実である。

山田洋次は、ハリウッドの「マッカーシズム」にも強い関心と深い思いを以前からもっている。私が、かつて『ローマの休日――ワイラーとヘプバーン』(一九九一年、朝日新聞社、以下『ローマの休日論』と記す)を著したのも、山田が雑誌「世界」に書いた「想い出の『ローマの休日』」(一九八九年五月号　岩波書店)に触発された面が強い。

「当時、ハリウッドには赤狩りという、言論弾圧の嵐が吹き荒れていて、…良心派であったワイラー監督やグレゴリー・ペック等は、息苦しいハリウッドから逃げ出すようにして、ローマでこの作品を作ったのである。だから、『ローマの休日』の画面に溢れる、のびやかな解放感は、ヨーロッパの自由な空気にふれてほっとしたアメリカ人のスタッフの気分そのものだといっていいだろう。この映画の原作は、……ハリウッド・テンのひとり、コミュニストのドルトン・トランボであることも、ずっと後で知った…云々」

二〇一七年になってからも山田洋次は、『ローマの休日』を今こそ見てほしいと言う意味の発言をしている。時あたかも「共謀罪」法が、充分な論議もなく成立しようとしている時である。山田にとって『ローマの休日』と『隠し剣 鬼の爪』『母べえ』はつながっている。山田は「トランプ政権だからこそ、『ローマの休日』はいま見るべきだ」とも言っている。アメリカ民主主義が、七〇年前の悪夢の時代の前夜のような感じであることを、山田は憂慮しているのかもしれない。

山田は、二〇一七年六月一五日の日付で出された「自由と生命を守る映画監督の会」（日本映画監督協会有志）による「共謀罪の強行採決に断固反対する」に署名している。共謀罪の「一番の問題点は、まだ犯されていない〈犯罪〉、権力に抗うための議論をしただけで逮捕、拘束されることが有り得るということです。つまり内心の自由、思想の自由、ひいては表現の自由を侵害するという事であって、明確な憲法違反であり、かつての治安維持法と何ら変わるところがありません」としている。朝原雄三、飯島敏宏、大林宣彦、恩地日出夫、小谷承靖、後藤幸一、ジャン・ユンカーマン、平山秀幸、深作健太、宮崎晃たち四四名の連名である。

またその翌六月一六日には「協同組合日本シナリオ作家協会」も「共謀罪に反対する緊急声

明」を出すが、その中には次のような一節がある。

「我々は表現者として、今後、どのように共謀罪が運用されていくか注意深く見守っていくと共に、我々自身が萎縮して、自主規制したり忖度したりすることなく、自由な表現を生み出し続けていくことを自らに言い聞かせていきます。

赤狩りで投獄され、仕事を失い、偽名で『ローマの休日』を書いたダルトン・トランボは、召喚された公聴会でこう言いました。〈思考を罪とみなしている〉〈だが、そんな権利は存在しない〉〈存在するなら世も末だ〉と。そして、〈これはアメリカ強制収容所だ！〉とさけんだのです」（二つの声明は「キネマ旬報」№1754より）

私も所属する「映画人九条の会」は三月六日に反対声明を出している。

「憲法の精神に背き、表現の自由を奪いかねない〈共謀罪〉法案の国会提出とその強行に反対するとともに、映画人、映画関係者、映画愛好家に反対の声を上げるように心から呼びかけるものです」（「シネ・フロント」№398より）

私事ながら、私は二〇一七年六月一五日の日記に硬い文体を意識しつつ次のように記した。

「本日早朝、テロ対策という誰もが認めざるをえないものを表紙につけて、実質は、主権者国民を監視し、人々の自由でみずみずしい発想や行動をおさえつけ、監視社会を作り出すことを合法化する〈共謀罪〉法が、充分な審議のないまま参院本会議で強行採決され、可決通過した。内容を国民に周知徹底させないのは、数に頼っての暴挙であって、暗澹たる気持になる。だが主権者をあなどってはいけない。平和と民主主義をつくりあげる国民の絶え間ない営みが新しい歴史をつくる。同時にわれわれら主権者の〈質〉を真に民主的なものにできるかどうかがこれから問われ続けることになる。――五七年前の今日、国会衆議院通用門前での〈安保反対〉集会の最後尾に、民主主義擁護の思いをもつノンポリ学生として連なっていた私の高揚と無念を思い出しつつ」

9 『グッドナイト&グッドラック』

マーチン・リット監督作品に、『ウディ・アレンのザ・フロント』（一九七六年）がある。ブラックリストに登載されて仕事ができなくなったリットが、復活して製作・監督した作品である。次の説明を読んでおいていただきたい。「一九五三年の悪名高き〝赤狩り〟の嵐が吹き荒れる芸能界を舞台に、反共ヒステリーの理不尽な弾圧に振りまわされる人々の姿を軽妙なユーモアを交えて描いた社会派コメディ。ウディ・アレンが俳優に徹している珍しい作品である。現実に『赤狩り』に巻き込まれたスタッフが手掛けた、リアリティあふれるシニカルな映画」（『ぴあシネマクラブ外国映画編』）

ブラックリストに載せられて仕事がない中年俳優「俳」と、尋問官のように彼をいじめるプロデューサー「プ」との間に次のような会話がなされる。画面から少し省略した形で抜き出してみる。

プ「デモに参加したね」
俳「女の尻を追いかけてね」
プ「女の名前を言いたまえ」
俳「デジー。いや、ベシーかな。興味があったのは女の身体のほうだ」
プ「他に参加していた俳優や監督は？」
俳「物覚えが悪くてね」
プ「協力する姿勢と誠実さが重要でね」
俳「どうか仕事をくれ。家には女房もいるし、育ち盛りの子どもも二人いる」
プ「プリンスを知ってるか」
俳「知ってるよ。たいした才能だ」
プ「彼と親しくしろ」
俳「そういうのは苦手だ。何を探る」
プ「交友関係と余暇の行動。それに政治的立場」
俳「プリンスを探るんだな」
プ「これは戦争なんだよ。敵は汚い手を使い、われわれの生活をおびやかす。君は自由の戦士だよ」

俳「スパイになれば、…仕事は？」

プ「愛国心を示せば、きっといい方向にいく」

こんなふうに「良心を売って」この俳優は、五〇〇ドルで一晩の舞台での仕事をもらい大成功する。だが与えられたのは二五〇ドル。「せめて三〇〇ドルはほしい」と懇願するが、無駄である。軽蔑の目で見くだされるだけ。最後、この俳優はホテルの窓から身を投げて死ぬ。実際にあった事件だという。労働者を「落とす」典型的な例が描かれており、こんな風景があまた、芸能界ではあったのだろう。

さらにつけ加えれば、この配役の悲哀感を絶妙のユーモアで演じたのはゼロ・モステルで、彼は最後までブラックリストからはずされたことはなかったが、後年、ブロードウエイで『屋根の上のバイオリン弾き』の主演をつとめるなど、完全復帰した人だという。一度見たら忘れられない怪優、名優である。

監督のマーチン・リットは『コンラック先生』（一九七四年）に流れるベートーベン「運命」に感動した記憶がある。一九七九年の『ノーマ・レイ』は、無知なシングルマザーが生活を守るために労働組合の闘士になっていく姿を活写して話題になった。アカデミー主演賞を得たヒロインのサリー・フィールドの熱演が光った。彼女が後年テレビドラマ『ER緊急救命室』のシリーズ後半から女医の母親役で準レギュラーとして出演していたのは懐かしかった。マーチン・リットは、エリア・カザンの弟子筋になるという。

『グッドナイト&グッドラック』は二〇〇五年制作の映画である。現代ハリウッドのリベラル派ジョージ・クルーニーがシナリオにも参加し、脇役で出演もしつつ監督をした意欲作。いくつかのアカデミー賞候補になったが、日本ではヒットしなかった。この映画はノベライズされて、東理夫の訳でハヤカワ文庫として出版されている。この文庫本の裏表紙には、次のようにある。

「テレビが黎明期を迎えたばかりの一九五〇年代アメリカ――東西冷戦の緊張が高まり、国民はマッカーシー上院議員による〈赤狩り〉の恐怖に怯えながら暮らしていた。罪のない人々の生活が不当に踏みにじられているにもかかわらず、その暴挙は大統領でさえとめられない。全米が萎縮するなか、敢然と立ち上がったニュースキャスターがいた。国民的キャスター、エド・マロー（デヴィッド・ストラザーン）と若き記者たちの熱い闘いを描く話題の映画を完全小説化」

この映画に次のようなシーンがある。反マッカーシズム・キャンペーンをTV局で制作するには、「相手につけいる隙をあたえたくない」という配慮で綿密なスタッフ会議がもたれる。プロデューサー（ジョージ・クルーニー）がまず発言してのスタッフの会話となっていく。

「この中でコミュニストにちょっとでもかかわったり、連中のニュースレターを覗いたり…、どんな小さなことでもいい、あったら今言ってくれないか」

ニュースキャスター、エドワード・R・マロー（1953年）

「ぼくは（この番組のスタッフから）抜けたほうがいいな」

誰もが声の方に顔をむけた。

「ぼくの別れた女房が……もう七年も前だけど。……彼女が共産党員だったとは思わないが、でも集会に出たことがあるんだ」

誰もが黙って、次の言葉を待った。

「結婚する前のことだけどね。それにそれを知ったのは離婚してからなんだ。……あの頃は今と状況がちがった。ソ連はおれたちの側で一緒に闘っていたんだ」。ともにナチスを相手にしていた時代、ソ連は善良な味方とはいえないにしても、確実に敵ではなかった。

「これまで話すつもりはなかったんだが、このことで誰かに迷惑がかかったり、誰かが傷つくことだってあるかもしれない。もっと早くに話しておくべきだったよ。申し訳ない……」

それまで黙ってみんなの背後に座っていたマローが、はじめて口をきいた。

「もしこの中で、〈危険な本〉を読まず、〈異端の友人〉を持たず、〈変革〉ということに興味を持たないものがいるのなら、それこそマッカーシーが望むような人間だっていうことだ。だからこそ、この番組をやるんだよ。この部屋でさえ、恐怖に支配されているからだよ」

その一言がきっかけになった。マッカーシー追及の番組に本格的に取り組む動きが開始された。

（東理夫訳の前掲書より抄出）


引用中の「このことで誰かに迷惑がかかったり、誰かが傷つくことだってあるかもしれない」は、映画の字幕と少しちがう。原文も同じではない感じがするが、「分かるだろ。いずれ必ず嗅ぎつけられ、追及される」（ＷＯＷＯＷ放映版）とある。ＷＯＷＯＷ版の方が短い文に圧縮されているのだろうか、要するに、七年も前に妻が、共産党の集会に出たことがあるらしいので、夫だった自分も目をつけられるだろう。だから番組づくりに参加しないほうが無難だ、と言っているのである。

見ていて背筋が寒くなった。日本人の誰もが、遠い親戚か友だちの友だちが、共産党主催の行事に出たことくらいあるだろう。すると日本人すべてが、政府の「非米活動委員会」ならぬ「非日活動委員会」に出席させられ、友人の、いや、友の友の名前までを並べることを強要されるかも。冤罪を生むことになり、推定有罪というのがあるのかないのか、…「疑わしきは罰する」で、国民の自由と権利は失われていく。会社の帰りに駅前で共産党の選挙演説を聴いてもマークされるかもしれない。限りない負の連鎖と、その予感への恐怖。労働組合の役員やテロリストを、小説家や脚本家が書こうとしたら、その構想の段階で注意人物に指定されるかもしれない。

現実のエド・マローは、マッカーシーの恣意的な政治姿勢を徹底的に叩いたという。アンカーマンとして不退転の決意でマッカーシズムと闘う。次第に支持が広がり、視聴者から圧倒的な支持を得る。これが契機となって、多くのマスコミもたちあがる。マッカーシーの譴責決議が可決され、マッカーシーは酒におぼれ、急速に影響力を失っていき、失意のなかに死ぬ。

さらにいささか飛躍するかもしれないが、もうひとつ。元教員である私の友人Tが、次のように書いている。二〇一五年のものである。

「……四五年前、沖縄がアメリカの施政権下の時に、那覇で世界青年友好祭のイベントがありましたので、それに参加したく、ビザを申請しました。待てど暮らせども、結局、ビザはおりませんでした。当時、私はささやかながらも、平和民主運動に参加していました。後でわかったことですが、運動参加が、理由のようでした。ところがそれですまずに、それ以後、私に尾行が始まりました。揚げ句の果てに、私の教え子をつかって嫌がらせが始まりました。最初、その教え子Xは、〈近くに来たので、先生の家に寄りました〉と。何も知らない私は、夕食時だったので、〈すき焼き、食ってけ〉と言って、ビールを酌み交わしながら、楽しいひと時を過ごしました。それから四か月ほどたって、また、高級酒をもって訪ねてきました。そのあたりでこれはおかしいと思いました。さらに三か月ほどたって、高級酒を持ってやってきました。その時は玄関で怒鳴りつけておっぱらいました」

やがて尾行はなくなり、現在はつつがない老いの毎日をすごしている、だが、また危ない時代になってきたような…、と続き。最後に久しぶりに平和行進に参加したとある。Tの教え子は「その方に」勧めていたとぼやかした書き方がしてある。ともあれ、私たちの国が「監視社会」になっていることを、身近な私の友人が、みずからの体験として語っている。私は似た経験はないが、あるいは知らないところで…、読んで驚いた。寒気がした。

第四章

ワイラー、絶望の三部作から希望の「ローマ」へ

1　真のドラマティスト

ウィリアム・ワイラーについてかつて新聞に書いた文章を再掲する。題して「《真のドラマティスト》再評価を――ワイラー生誕一〇〇年」

映画『ローマの休日』を監督したウィリアム・ワイラーの三女メラニーさんとは手紙で交流があったが、三姉妹そろって来日との知らせが届き、急きょ上京した。先日、日本外国特派員協会主催でワイラーの生涯と作品を紹介したテレビ用記録映画が映され、劇映画「メンフィス・ベル」（一九九〇年）の制作者でもある長女キャサリンさんの小講演が行われた。すべて英語だったので理解しがたかったが「我等の生涯の最良の年」が好きとか、同時代人の黒澤明には父も共感していたとの発言があり、興味深いものであった。

ワイラーは、文芸物「偽りの花園」（一九四一年）、民主主義賛歌「我等の生涯の最良の年」（一九四六年）、サスペンス「必死の逃亡者」（一九五五年）、西部劇「大いなる西部」、スペクタクル史劇「ベン・ハー」、ミュージカル「ファニー・ガール」（一九六八年）等々をなんでもこなし、すべてが一流の巨匠であった。

起承転結の明確な正統派ドラマをつくったが、最大の特徴は娯楽性を堅持しながらも人間を描ききる気迫を例外なくもつ芸術派だったことである。「いじわるワイラー」と呼ばれ、気に入るまで何度でも撮り直すとの伝説が彼の人間への飽くなき関心の深さを示している。カットの切れ味や深度の深い撮影技法が彼の映画をいっそう魅惑的にしていた。

世界映画史での位置を探せば、ハリウッドの演出家ではチャプリンを例外として、フォード、キャプラ、ヒチコック、ワイルダーと並んで五本の指に入るとするのが私見である。「ローマの休日」は力作群からいえば肩の力をぬいた恋愛映画とみなされがちだが、ワイラーにとって期を画する重要な作品であることをはっきりとさせておきたい。

朝鮮戦争前後に吹きすさんだ〝赤狩り〟で、ハリウッドは不安と疑心暗鬼が募り、生き残るために裏切りと密告がまん延した。不寛容なあしき政治の季節である。ワイラーは、「ローマの休日」で人間的誠実がいかに重要かをメルヘン調の喜劇に託して、しかし凛として提起した。

マッカーシズムに抗して下獄したダルトン・トランボのシナリオをトップシークレット扱いで買い求め、彼への支援と友情をこめたのである。アン王女と新聞記者のあうんのきずな、記者とカメラマンが特ダネ写真を守り抜く物語としてあらためて「ローマの休日」を読み解くと、軽い装いと寓意の中に、人間不信ではなく信頼と友情こそが人間の宝であるとの作者の祈りにも似た、強い決意が浮かび上がってくる。

日本人のヘプバーンへの愛着は深く、死後十年を経てもファンを再生産している。「ローマの休日」の人気は圧倒的で、彼女を世界のスターに育てたワイラーは忘れられてはいない。

だが、幸か不幸か「『ローマの休日』のワイラー」というラベルが、二十世紀が生んだたぐいまれな映画作家を矮小化させることになった。ヘプバーンの恩人としてだけで光があたり、深く内面の描ける真のドラマティストであることを評価し直そうとしないのである。

今年はワイラー生誕百年で、本国では別掲の写真はがきもあり顕彰がなされているようだ。生誕没後の区切りには催事を好む日本だが、ワイラーでは行事も再評価もないままに記念の年は終わろうとしている。さらに言えば、くしくも「ローマの休日」の撮影五十年目であるが、それを指摘したものがなかったのも残念である（ただし映画のアメリカ公開は五三年、日本での封切は五四年である）。

オードリーと「ローマの休日」を大切にしてきた日本人は、ワイラーの映画史的役割を確認するためにも彼の映画を再考すべきである。映画第二世紀目の方向が見えにくいからこそ、「映画はドラマだ。演出が映画を決定する。ワイラーに帰れ」と叫びたい。発想の奇抜さCG的映画技法に頼ってのアクション大作に活路を求めて迷走する現今のハリウッドを思うとき、あるべき本物のドラマの原型をワイラーに見たいのである。

（二〇〇二年一二月二四日「中日新聞」）

『メンフィス・ベル』キャサリン・ワイラー制作
（写真：川喜多記念映画文化財団）

ワイラーの三人の娘さんに会ったのは、二〇〇二年一一月二〇日か二一日だったか。会場の特派員協会は有楽町駅の近くだった。日本では未公開であるワイラーの生涯と作品をたどった記録フィルムが上映された。そのあと、映画のプロデューサーを務めた長女キャサリン・ワイラーさんのミニ講演があった。通訳がいたかどうか記憶がない。川本三郎さんが英語で質問していたのを覚えている。三女のメラニーさんが大の日本贔屓で、友人のE・Hさんが、メラニーさんと私との間をつないでくれていた。

キャサリン・ワイラーは、映画制作者で、劇映画『メンフィス・ベル』を一九九〇年につくっている。マシュー・モディン主演の戦争映画だが、共同制作者が『炎のランナー』（一九八一年）でアカデミー賞をとった大物のデヴィット・パットナムだから、大きな映画だった。後半の空爆シーンあたりからは盛りあがった。キャサリンさんが、制作者に名を連ねたのは、父のワイラーが、一九四四年に戦闘機「メンフィス・ベル」の記録映画を撮っていることとかかわっているだろう。

ワイラー少佐は戦時みずからも「メンフィス・ベル」などに搭乗して撮影に参加し、あまりの轟音と風圧に耳を悪くした。ワイラーの片耳が悪いことを知っている人は少ないだろう。第二次大戦で、愛称「メンフィス・ベル」は二五回も対独爆撃をした伝説的戦闘機である。ドキュメンタリーの『メンフィス・ベル』は、鬼塚大輔によると「戦時中に作られた、いや映画史上もっとも優れているとも言われる戦闘ドキュメンタリー」なのだそうである（「キネマ旬報」№１７２５）。だとすれば、キャサリンさんにとって、この劇映画の制作には深い思いがあったのは確かである。

ドキュメンタリスト・ワイラーは、アメリカ兵にとっては「基地こそわが家」「（爆撃機の帰還を）待っている者にもドラマがある」という感覚で描いているが、その思いをそのままドラマづくりの精神として受けとめているように思える。私はドキュメンタリーのよさはあまりわからなかったが、キャサリンが劇映画制作を、父ウィリアムへのオマージュにするという意識があったことは理解できる。

私につきそってくれたE・Hさんにお願いして会場のロビーあたりで長女キャサリンさんに二つの質問をした。ひとつは、『ローマの休日』におけるトランボとの関係についてである。「父はトランボさんとの友情をすごく大事にしていた」という意味の答えだった。私は、『ローマの休日』をワイラーが撮ることを決意した核は、これだと直感し、ワイラー論にとどまらず、アメリカ映画史にとってもひとつの優れた補足の役割をすると理解した。日本にはワイラー研究家を自認する人はいないのが残念だが、ワイラーとトランボの関係を、とにもかくにもワイラーの娘さんが実感していたのだ。後述する『ローマの休日』における「友情」の位置とも一致する（当時のキャサリンがまだ小学生だったのは気になるが）。

二つめは、「お父さんの兄であるロバートさんは、『ローマの休日』の制作者にも名を連ねており、『我等の生涯の最良の年』で、両腕をなくした水兵と結婚する役を演じたキャシー・オドネルさんと結婚されているが、お元気ですか？」であった。答は意外なものだった。「キャシー叔母さんは亡くなりました。よい叔母さんで、かわいがってもらった想い出があります」。二つ目は、本稿では余分だが、私としては記憶しておきたい大切なことである。『我等の生涯の最良の年』は、アメリカ民主主義とワイラーを知るうえで、もっとも大切な名作であるから、ワイラーに興味を持つ人がいたら、この機会に観ていただきたい作品である。オドネルは可憐でういういしい。この映画のテレサ・ライトの持つ華が、彼女には少し足りないかも。そういえば、不信と死の結末をもつ『探偵物語』のラストショットが、かすかに「希望」を暗示して、街に出ていくオドネルを映しているのは印象的である。

2　アメリカ民主主義の高揚とワイラーの挫折

ワイラーは、リベラルなデモクラットであるが、その原点を探っておきたい。ワイラーが、反ファシズムで大戦を戦うアメリカを支持しつつ、生涯の作家的高揚期を迎え、戦後の第一作『我等が生涯の最良の年』を生み出すことになるが、ワイラーが自作でいちばん好きだといったこの作品を用意する高まりが、すでにそれ以前に作品としてつくられていた。一九四一年八月公開の『偽りの花園』である。

ここでは第二次大戦中の、日米開戦以前ではあるが、『偽りの花園』について考察してみたい。エンターテインメント性という映画として大事なものがいささか欠けるのが残念であるが、それを差し引いても抜きんでたものであり、傑作といってまちがいない。私は、ワイラーで一本を選べといわれたら、『ローマの休日』を別枠において、本作を挙げるのを躊躇しない。そして『我等の生涯の最良の年』ということになろう。

ワイラーの作品の多くがアメリカ民主主義の讃歌と非リベラル批判であるが、それらの作品群のなかでも、リリアン・ヘルマン原作・脚本の『偽りの花園』は突出している。映像性、思想性ともに、そのことは言える。舞台劇からの映画化である。原題は〝The Little Foxes〟であるから、内容に沿った意訳であるが、洒落たつもりが無粋な邦題になっている。『ローマの休日』の好評にあやかって、同じ年に、一〇年以上も前の作品が日本で公開された。キネマ旬報ベストテン第一〇位。ちなみに『ローマの休日』は第六位にランクインしている。

ワイラーは、初めてのリリアン・ヘルマン作品ではない。最初は戦前で、むろん舞台劇からであるが、〝The Children's Hour〟の映画化で、邦題は『この三人』（一九三六年）である。この原作は二回も映画化している。なぜかというと、戦前版では同性愛を描いてはいけないというプロダクション・コードにひっかかったために、原作のままの映画化はできなかった。ワイラーは無念の思いをもち、二六年後再映画化に踏み切る。邦題は『噂の二人』（一九六二年）である。ヘプバーンとシャーリー・マックレーンで、原作にほぼ忠実に再映画化している。ワイラーの執念というか、作家的粘着質は、ねばり強さと同義語でもあり、記憶に留めておこう。ワイラーを「紳士」と本書でくりかえしているが、撮影現場でのワイラーには、たとえば主演ベティ・ディビスとの激烈な葛藤があったとの伝説なんかが残る。撮影現場では「いじわるワイラー」とも陰口を言われたとされるが、それは同時に彼が本物の映画作家でもあるということであろう。

ワイラーの『デッド・エンド』（一九三七年）は、シドニー・キングスレーの戯曲を、ヘルマンが脚色している。ニューヨークの下層社会を舞台に、不良少年たちを中心においた群像劇であるが、彼らの隣に傲慢な有産階級が住んでいる高層ビルがあり、それとの対比のなかで、階級対立とまではいかないにしても、明確にブルジョア批判はあるとみてよい。ハンフリー・ボガートが脇役ながら個性的である。キングスレーは後述のワイラー作品『探偵物語』の原作者であることもあらかじめ記憶しておこう。『探偵物語』のセリフのなかには戦争批判がある。

先走って書けば、リリアン・ヘルマンは「赤狩り」に対して、独自の抵抗的対応をした女流文学者として有名である。自伝『眠れない時代』（小池美佐子訳　ちくま文庫　一九八九年）で、「非米活動委員会」に出した書簡のよく知られた一節を紹介しておこう。

「わたしは、自分にかんするご質問には何なりと喜んでお答えするつもりでおります。貴委員会に隠すことは何もありませんし、自分の人生で恥ずかしく思うところもありません。……しかし、自分を救うために、何年も昔の知己である無実の人たちを傷つけることなどということは、非人間的で品位に欠ける不名誉なことに思われます。わたしは、良心を今年の流行に合わせて裁断するようなことはできませんし、したくありません。自分が政治的な人間ではなく、政治団体のなかでは居心が悪いという結論に、もうずっと以前から達しているにもかかわらずです」


『偽りの花園』は、「悪女もの」に分類され、地味で内容も暗澹としている。しかし、グレッグ・トーランド撮影の奥行きの深い画面の醸し出す豊かな映像性は、有名な『市民ケーン』の陰に隠れているものの、スタンダードサイズ画面における映画史上最高の芸術的創造性の到達として再度検討されるべきである。切り返しのほとんどないパン・フォーカス画面は、テレビのアップによる人物の切り返しの多用がいかに安直であるかをテレビ出現以前に断罪しているようにさえ思われる。ともあれ、カットを長めに撮影する手法にも支えられ、ワイラーが、利己的で傲慢な富裕層を拒否して、民衆的立場を明確にした作品である。秀作舞台劇であるヘルマンの原作を超える映画的映像に昇華させることのできた希有の例といえるかもしれない。ワンカットが短い『ローマの休日』については、拙著『ローマの休日論』で、この作品の本質を考える最重要要素であるとして詳述しているので、ワンカットの長短についての所説はここでは省略したい。

「二〇世紀初めのアメリカ南部の小都市で、心臓を病む資産家（ハーバート・マーシャル）から、何とかして綿工場の資金を引き出させようと画策する冷酷な妻（ベティ・デイヴィス）とその二人の兄の、見るもあさましいエゴイスティックな姿が鋭く描き出され、その中でただ一人の正義派である娘（テレサ・ライト）が母を見捨てて、愛人の新聞記者のもとに走る。心臓の発作に襲われて薬を求める夫と、その背後で冷然とそれを見殺しにする妻の、両方にピントの合ったグレッグ・トーランドのパン・フォーカス撮影が話題を呼んだ」（「キネマ旬報」№577　清水）。

原作戯曲を自身で脚色したリリアン・ヘルマンが、実生活の伴侶のダシェル・ハメットとともに赤狩りに非妥協的だったのは、フレッド・ジンネマン『ジュリア』でジェーン・フォンダが演じる主人公はリリアン自身であり、ジュリア（ヴァネッサ・レッドグレイブ）とはちがった生き方で反ファシズムを貫徹する女性であることからもよくわかる。ハメット（『ジュリア』ではジェイソン・ロバーツが好演）は「非米活動委員会」で有罪の判決をうけて実刑に処せられるが非転向を貫いた。ハードボイルド探偵小説の傑作『血の収穫』『マルタの鷹』の作者であり、『マルタの鷹』は、ジョン・ヒューストンが一九四一年に映画化、彼のデビュー作にして最高作となった。ヒューストンの父ウォルターはワイラー映画に主演しており、アメリカ文明批判の側面をもつ『孔雀夫人』（一九三六年　原作はシンクレア・ルイス）はワイラーの代表作のひとつである。もうひとつ加えると、ジョン・ヒューストンは、ワイラーの『黒蘭の女』（一九三八年）の脚本を手掛けており、後年、「第一修正条項委員会」で「非米活動委員会」に対してコンビで闘う素地はあったとみてよい。

『偽りの花園』は、キャプラの『スミス都へ行く』（一九三九年）と、ジョン・フォードの『怒りの葡萄』とともに、ニューディール時代の記念碑的作品である。キャプラやフォードが高い評価をされるほどにはとりあげられないが、徹底してこの時代のアメリカ民主主義を逆説的に擁護するものである。『偽りの花園』をみて、『我等の生涯の最良の年』を再点検するなら、ワイラーが、「非米活動委員会」のハリウッド攻撃に反対する必然性も理解できるはずである。理不尽な政治的圧力をかけてくる権力と闘うべくして闘うことの納得がいくにちがいない。

『偽りの花園』の次の『ミニヴァー夫人』（一九四二年）は第二次大戦を戦うアメリカの上質の国策映画である。軍国主義日本の国策映画代表作『ハワイ・マレー沖海戦』（山本嘉次郎監督　一九四二年）と、いかにちがうかを比較してみるのに格好の作品でもあろう。技術的にはこの日本映画もすぐれているが、西欧流の民主主義を排斥して、しゃにむに戦う精神主義的軍国日本と、バラの品評会などを悠々と描きつつ、鷹揚に侵略戦争を受けて立つアメリカ（イギリスが舞台だが）の差は歴然としている。『ミニヴァー夫人』は、いま見ても質のよいメロドラマとしてワイラーの大きさを傷つけることなどまったくない秀作である。

次は戦後第一作『我等の生涯の最良の年』となる。戦勝国であるアメリカ的民主主義のひとつの理想を描くことができた作品として、アメリカ国民に大きな支持を得た。公開日は一九四六年一一月二一日である。だが、それからのハリウッドの一年余は、映画で語った理想が、いったんは花開いて青空がくっきりと見えるが、瞬く間に曇り、誰にも前の見えないものになっていった無残な時でもあった。

一九四七年三月に反共を目的とするトルーマン・ドクトリンが発表され、チャップリンの『殺人狂時代』への非難が起こるのが同年六月であり、「非米活動委員会」がハリウッド映画人に尋問をおこなうための第一回「聴聞会」開催が同年一〇月二〇日である。それに反撃するワイラーたちが「第一修正条項委員会」に陣取って、思想・表現の自由を守るための大きな闘いを始めるのもすぐさまである。だが反共派の勢いにハリウッドの映画資本家が押し切られ、ワイラーたちは窮地におちいり、赤狩りに負けてしまいそうな状況になるのは、早くも翌一一月下旬である。『ハリウッドの密告者』でナヴァスキーは、「〈テン〉擁護のために大々的なキャンペーンを打つことを公表していた〈憲法修正第一条擁護委員会〉は、結成のさいの迅速さに引けを取らないくらいの早さで店じまいしてしまった」と皮肉っている。状況の厳しさを言い当てているわけである。

民主主義擁護で共鳴しあっていたハンフリー・ボガートが崩れたことについては、二つの見解が提示されていると私は思う。ひとつは敗北宣言である。

「私がワシントンに（「非米活動委員会」の尋問に反対するために）行ったのは、私たちアメリカ人の憲法に保障された権利が剝奪されているのではないかと考えたからであり、それ以外の何ものでもありません。……今回のワシントンゆきが勇み足で、軽率な行為でもあったことを認めるのにやぶさかではありません。……私は共産主義は大嫌いですし、共産主義の思想に奉仕する者にも我慢できないのです…云々」（『ハリウッドの密告者』から抜粋）

だがボガート夫人ローレン・バコールの『私一人』によると、ボガートは、「自分はいかなる宣言もせず、いかなる宣誓もせず、自分の立場を明らかにしただけだ、誰がコミュニストで誰がコミュニストでないかといったようなことは知ったことではない」ということになる。「密告者」にはならなかったと思われる。バコールは、以後「かなり長いあいだ、ひとびとは政治的意見を持とうとせず、少なくとも声に出しては言わぬようにしたものだった」と、後退と沈黙を余儀なくされたと正直に告白している。矛盾するようだが、ボガートの二つの見解は、両方とも「正解」だと私は思う。ボガートの表と裏の素顔なのだ。

山田和夫は前述の「キネマ旬報・世界の映画作家17」で、ジョン・コグレーの『ブラックリスティングについての報告』からとして、直接の引用ではなく、次のように記している。

「〈第一修正条項委員会〉の発起人のひとり、ウィリアム・ワイラーも動揺した。第一回聴聞会が終って間もなく、かれは〈非友好的〉証人たちの事務局におもむいて、かれらが〈非米活動委員会の質問に答えてくれるよう〉要請し、その結果について、〈われわれは素朴すぎた。かれらはもちろん、そうしようとは、しなかった〉と語っている」

これだけでは意味不明というか、要領を得ないが、ワイラーが挫折し、さらに後退して「友好的証人」によりそう側になったと読みとれる。だがワイラーは、ダルトン・トランボたちハリウッド・テン派の「事務局」で、本当にわたりあったのか。その後の、ワイラーの、映画作家としての身の処し方と照合しようとすると無理がでてくる。

ワイラーがトランボたちの「確信犯」に対して、「投降」を求めに出向いて説得したとは考え難い。『ローマの休日』の成立の事情と後述するワイラーをとりまく状況を思うと、ワイラーが寝返ったとは考えられない。ただしワイラーに敗北の自覚があったのは確かである。それにしても、このような重要な映画史の一コマを紹介した山田和夫には、ワイラーのその後を追跡検討する作業があってしかるべきである。山田がワイラーの追跡調査を綿密にやらなかったことは、ワイラーに関心をもつファンには後味の悪い印象を持たせることになったのは事実であろう。山田でなくとも、アメリカ映画史の研究者は、その後のワイラーの綿密な追跡調査をなぜ放置したのか。

今世紀になってから刊行された、上島春彦の『レッドパージ・ハリウッド』（作品社、二〇〇六年）

は、新発見も含む赤狩りの貴重なアメリカ映画史研究書であるが、ことワイラーについては、まだ痒いところに手の届かないところがある。ワイラーは、運動から後退、あるいはいっけん脱落したにしても、「非友好的」な人たちに、「友好的に」なれとか、白旗をかかげて全面降伏を呼びかけたとは思えない。むしろ「非友好的」な仲間に親近感をもっている。……いや、上島の発見とそれを補足する私の検討は後述することにしたい。

それにしても、ワイラーが挫折したのはまぎれもない事実である。「第一修正条項委員会」が雲散霧消したのである。とはいえワイラーは落ちこんだものの、それほどヤワなシネアストではなかった。ワイラーは、大手で作品を作り続けた。「友好的証人」になったから映画づくりが保障されたというわけではない。そこにはいくらかの妥協もあったろう。だが、自身の落ちこみも強く反映したものの、作りたい作品をつくった。軍門に下って、会社の意のままの作品を作ったのではない。暗く憂鬱な力作が三作も続いたこと自体、ワイラーが、それなりに作家性を守ったことの証左となるだろう。

3　ジョン・ヒューストン、そしてビリー・ワイルダーも

別の角度からワイラーの挫折を再説したい。ジョン・ヒューストンが自分の言葉としてワイラーに言及しているからである。ワイラーと同じくリベラル派を代表する仲間ジョン・ヒュースト

ンは、運動の瓦解後どうしていたのか、私は、かねがね気になっていた。ボガートが早々と身を引いていき、ワイラーが苦しんでいるときに、本質的に無頼派でふてぶてしい自由人のヒューストンがいかに身を処したか、権力の手が伸びてくるときにどう抵抗したか。私はそのあたりがわからないでいた。川本三郎が答えを教えてくれた。

「気性の激しいアイリッシュの血をひいたジョン・ヒューストンはいたるところでケンカをした。……ハリウッドに赤狩りが吹き荒れた一九四〇年代末から五〇年代にかけては、彼は赤狩りに抵抗してセシル・B・デミルのような保守反動の監督と公式の場で闘った。それでも当時の反リベラルな風潮には抗しきれず彼はアメリカが嫌いになりヨーロッパに国外逃亡した。彼の五〇年代の作品が『アフリカの女王』(アフリカ)、『赤い風車』(フランス)、『悪魔をやっつけろ』(地中海)、『白鯨』(アイルランド)とアメリカ以外でつくられているのである」

ここにある四作品のアメリカ公開年は、一九五一年、五二年、五四年、五六年である。川本の『ハリウッド大通り』(筑摩文庫　一九九五年)からだが、これを読んで私は謎が解けたと思った。そうなのだ、闘いの挫折後、ヒューストンはしばしば行方をくらませたのである。

ところが、世紀が変わって二〇〇六年にヒューストン自伝が翻訳出版された。原著は一九八〇年の出版だが、『王になろうとした男　ジョン・ヒューストン』(宮本高晴訳、清流出版、以下『ヒューストン自伝』)である。ここでは川本がいう「国外逃亡」的な言葉をヒューストンは使っていないが、①「第一修正条項委員会」が組織されたときの様子と、②ワイラーの「動揺」と挫折と後退について、その二つを、具体的あるいは状況証拠として挙げている。

まず①である。「第一修正条項委員会」が設立されるのは一九四七年九月から一〇月頃だから、その少し前であろう。

「ある日、二〇世紀フォックスの優れた脚本家で友人であるフィリップ・ダンとウィリー（ウィリアム）・ワイラーと三人で昼食をとりながら話をしていて、厄災が間近にせまっているという見解で一致した。その少し前、『西部戦線異状なし』や『美人國二人行脚』などの名監督ルイス・マイルストンがサム・ウッドによってコミュニストと名指しされていた。サム・ウッドも名監督のひとりだったが、手のつけられない反共主義者だった。彼が死の床で、資産は娘に譲る、ただし娘がコミュニストでない限り、という遺言を残したといわれたことからもその徹底ぶりは窺える。サムは少々頭のネジがゆるんでいたのだと思う。私は当時映画監督協会の副会長を務めており、理事会の場でサム・ウッドの意見への反対を表明する電報を非米活動委員会に送ることを提案した。会長はジョージ・スティーヴンスだったが、彼も強い態度で臨もうと言ってくれた。それは嵐の前の静けさというか、まだ雷鳴のない雲間の稲光のようなものだった。本物の嵐の到来が避けられぬと悟った私たちは、他の者にも声をかけ、憲法修正第一条委員会というものを作り上げた。私、フィリップ・ダン、ウィリー・ワイラーの他には、エドワード・G・ロビンソン、バート・ランカスター、ジーン・ケリー、ハンフリー・ボガート、ビリー・ワイルダー、ジュディ・ガーランドら錚々たる顔ぶれがそろっていた」

かなり具体的であるから、このあたりから、ワイラー、ヒューストン、フィリップ・ダンのトリオが指導部的役割を果たしていくことになったと考えてよい。ダンは、ハーバード大学で学んでおり、アメリカの憲法などの法律的なものに精通しているらしいから、理論武装という点での役割だろう。行動的なヒューストンが表にたち、三歳年長のワイラーが「会」のシンボルということになったと推察できる。

次は②である。『ヒューストン自伝』だと、次のようにある。

「映画監督協会の総会でレオ・マッケリーなるキツネ野郎が、忠誠の誓いを採用するか否か無記名投票でなく素手で採決をとろうと提案した。そうなれば誰も反対はできまいという読みだった。驚いたことに、ビリー・ワイルダーと私を除いた全員がこの提案に賛成の挙手をした。私の席からは見えないところにいたウィリー・ワイラーまでが大勢に流れたのだ。ビリーは私のとなりに座っていたから、私に倣ったのだろう。忠誠の誓いに反対のものは挙手を、と声がかかったとき、私は手を挙げ、ビリーがためらいがちに手を挙げた。二名の挙手に対して無言のどよめきが起きるのを聞いてことの重大さにビリーは面食らったのではないだろうか。しかし、これはアメリカに帰化したドイツ人であるビリーの、もっとも勇敢な行為のひとつだった。このときの会合には一五〇名から二〇〇名の監督が出席していたにもかかわらず、そのなかでビリーと私の二人だけが忠誠の誓いに反対して手を挙げているのだった。私は残りの連中の間抜けな面にむけて机をひっくり返してやりたい気分だった」

このヒューストンの回想中、レオ・マッケリーが体制擁護派の先頭を切っているのが出てくるのには驚く。この名匠には、ビング・クロスビー主演のハートウォーミングな『我が道を往く』（一九四四年）などとともに、『人生は四十二から』（一九三五年）があって、作中、突然、リンカーンの「人民の…」の演説が名優チャールス・ロートンの口から出てきて感動させられるとびきりの名画があるので、ヒューストンのエピソードを読むと、意外で驚く。サム・ウッドについてもだが、（その遺言のことには笑ってしまうが）映画と、その監督の思想や人格とは必ずしも一致しないのである。

ヒューストンの記憶の信憑性についてであるが、ヒューストン伝の翻訳者が「あとがき」で「少々の潤色と誇張」があるかもと言っていることも含めて、少し値引きしなければならないかもしれない。だが『ビリー・ワイルダー自作自伝』（ヘルムート・カラゼク作、瀬川裕司訳、文藝春秋、一九九六年、ただし原著は一九九二年である）を読むと「非米活動」という一章があって、このヒューストンとワイルダーの孤立した模様と、「私の（ワイルダー）見えないところに座っていたウィリアム・ワイラーですら、ほかの連中に逆らいはしなかった」との表現が、とにもかくにもあるところを見ると、信憑性があるとしてもよいだろう。ワイルダーは、ヒトラーを嫌ってドイツを逃げ出した監督で、反ファシズム映画の傑作『生きるべきか死ぬべきか』（一九四二年）を手掛けた巨匠エルンスト・ルビッチの愛弟子であり、これまたルビッチの代表作『ニノチカ』（一九三九年）は、ワイルダーがシナリオを書いているから、ワイルダーの伝記にも、「映画監督協会総会」のエピソードが出て来ることは、ヒューストンの「ホラ」でないことだけは確認してもよいだろう。時期を確認しておくと一九四七年の秋であり、前述の「私の名はジョン・フォード」の反撃演説は、一九五〇年秋ということになる。

まだ②である。ここでの主要な内容はワイラーの言動と挫折。このヒューストンとワイルダーの回想にでてくるワイラーの姿こそが、前節で書いた、例の山田和夫の述べたワイラーの挫折と脱落説についての根拠なのではないか。山田のいう、「〈非友好的〉証人たちの事務局におもむいて、権力側に協力する要請云々」は、ヒューストンのエピソードと同じことを、ちがった形で表現しているのではないのか。時間的には一致すると考えてよい。

あるいはウィリアム・ワイラーは、このレオ・マッケリーに賛成の挙手をして、なにがしかの非ヒューストン的行動を起こしたかもしれない。だが、政治的な動きをしたことのないビリー・ワイルダーが赤狩りに反対しているのに、『我等の生涯の最良の年』で民主主義讃歌作品を作ったワイラーが思想信条を縛る提案に賛成したとしたならば、ワイラーの大転換である。それだけでワイラーは大きな挫折感をもち、自己嫌悪に陥ったにちがいない。

ワイラーは、ヒューストンとは若いとき、メキシコの海岸で毎日のように遊んだ仲間であるし、ワイルダーとは、「名前が似ている」と互いに親近感があったとも言われる。『ローマの休日』の後のヘプバーンを受け取ってさらに磨きをかけた『麗しのサブリナ』はワイルダーの演出だし、「監督協会の総会」のワイラーの意気地なしぶりは、何よりもワイラーの自尊心を傷つけたにちがいない。大きな挫折感をもたらしたと思う。ヒューストンたちと「第一修正条項委員会」を立ち上げて、まだそれほど時間はたっていないのだ。情勢の劇的変化はあったにしても、ワイラーが、寝返ったとは思えない。そのことについてワイラーとヒューストンが一度も意見交換しなかったとは信じがたいことでもある。

🎥

もうひとつ附言しておきたい。『ヒューストン自伝』を読むと、「私たちは共産主義に対する反対の姿勢も明確にした」と言っている。ボガートと同じく共産主義は嫌いなのである。アメリカでは、ナヴァスキー著で指摘しているように「リベラルで同時に反共主義者であることは可能であるし、それこそが望ましいもの」という考え方が、デモクラットのなかでも主流である事実を理解しておかねばならない。反共ないしは非共デモクラットが、「赤狩り」と闘った中心なのである。そのことを否定ないしは懐疑しては、レッドパージとの闘いは成立しなかった。ヒューストンでも反共なのだから、戦後のアメリカ民主派の共産主義への嫌悪感は、当然もっと強いだろう。今にそれは続いている。

そうは言うものの、ヒューストンの「反共」という考え方はユニークであることも指摘しておこう。

ヒューストンの認識は共産党員の「活動が、どう考えても国家の安全を脅かすといえるようなものではなかったことも事実である。私の知るコミュニスト連中は自由主義者、理想主義者たちであり、合衆国政府を転覆させる計画があると聞かされたら、彼ら自身まっさきに腰を抜かして驚いたことだろう」というようなものだった。共産主義は民主主義の確固たる一形態であるとする考え方は、ひとまず少し横に置いて、ハリウッドの闘いを見ていかねばならない。

だとすると、古典的なデモクラットであるワイラーと、無頼派の自由主義者ヒューストンと、アメリカ憲法遵守のフィリップ・ダンの三人が中心の「第一修正条項委員会」の性格もおのずから明確なものになってくる。市民連合の萌芽のようなものとして理解するのが妥当ではないか。「非米活動委員会」は、執拗に「共産党員か、そうでないか」と質問をかけて、共産党員と民主主義・自由主義者とを分断しようとした。古典的な共産主義者は、赤狩り反対の闘いで、この権力側の共産党排除の論理に有効に立ち向かえなかったように思われる。フランスのレジスタンス運動で、ルイ・アラゴンが「薔薇《ばら》と木犀草《もくせいそう》」で歌い呼びかけたような不一致点を超えての連携的発想ができなかったと言えよう。「神を信じた者も／信じなかった者も／その足跡はかがやいていた／その呼び名は問うまい／神を信じた者も／信じなかった者も／ともに裏切らなかった」（大島博光訳）。「神」を「共産主義」と変えれば、「不信」「裏切り」「密告」という惨憺たる状況にならずに、「非米活動委員会」の非情な尋問に負けずに「民主主義的」論理を通すことができたのではないか。いや、それほど単純ではないようだ。

「第一修正条項委員会」がいともかんたんに雲散霧消に追い込まれた要因は、民主主義擁護のいわば市民連合的発想が未熟だったからだろうと、漠然とではあるが私は思う。ハリウッド・テンに代表される非転向者は、強靭だったことを認めるにやぶさかではない。だが、「第一修正条項委員会」の呼び掛けに賛同して、思想信条のちがうスターたちが、一斉に集まり、彼らを支持してまたたく間に集会に駆けつけた七〇〇〇人もの人たちの思いを、どうして「民主主義擁護、憲法を守る」の一点で集約することができなかったのであろう。映画制作者や経営陣が最初に裏切っていくわけだが、彼らも最初は「良い映画」をつくるためには憲法的自由は必要だと考えていた。その証拠に、マッカーシズムが終焉に近づくと、「第一修正条項委員会」を支持したスターたちを映画資本の側は条件などつけずに受け入れることになる。映画制作者も、大衆に依拠した映画をつくることに力を傾けはじめるという歴史的事実がある。そのことは本書の最後に再説するが、「第一修正条項委員会」が苦しかったときは、その何倍も「非米活動委員会」の支配の側も追い込まれていたはずである。

ヒューストンとワイラーは、賛否が別れた挙手をしたとある。ヒューストンはワイラーを非難していないが、二人の間に、あ・うんの呼吸が成立していなかったことはたしかである。二〇〇人もいた監督たちは、やはり疑心暗鬼だったのだろうか。その虚を突かれたということ自体、共同の論議がなされていなかったことを意味する。組織論というか、「第一修正条項委員会」を団体として立ち上げ、規約をつくり、どのような体制でいくかが討議された様子がない。討議されたうえで規約がないことと、何も論議されずに規則的なものがないのとでは明らかにちがう。なんとなくリベラルで一国一城の主のような映画監督たち、あるいは脚本家たちは、文字通りリベラルであり、自由であって、横につながるなどということに習熟していなかった。会則などをつくるというようなこととは無縁だったのだろう。一致点を見いだして市民や国民と手を結ぶという発想がない。ワイラーの未熟さはやはり明確にしておかねばなるまい。あるいはその後の「私の名前はジョン・フォード」にまで行き着くには、それだけの時間が必要だったということでもあろう。

閑話休題。「第一修正条項委員会」が頓挫したあとの、ヒューストンの行動について続きを述べねばならない。

ヒューストンの『黄金』は、『マルタの鷹』（一九四一年）に次ぐといってもよい秀作だが、これもメキシコでオールロケをしている。一九四八年の作品である。一九四七年末に「第一修正条項委員会」が敗北的状況になったとき、すぐさまランナウェーした結果としてでき上がったものであろう。だが『ヒューストン自伝』を読むと、亡命的逃亡という決死の覚悟はないし、尻尾を巻いての退散でないこともわかる。ワイラーよりは相当に図太い。

ついでながら、『黄金』『キー・ラーゴ』（一九四八年）『アフリカの女王』『悪魔をやっつけろ』の四本はハンフリー・ボガートの主演。ヒューストンとボガートは酒を好み、公私ともに近かった。

ボガートについては、前述したように二つの説にわかれるが、少なくとも、ワシントンへの抗議行動を「軽率な行為」だったとは思ってなかったろう。ワシントン行動の司令塔でもあるヒューストンとの以後の交遊関係から推測すると、とても想像できない。ヒューストンとボガートがアメリカを脱出してまで組んでいることから類推すれば、ボガートも挫折したけれども、仲間への裏切り行為はなかったと私は判断したい。

そういえばヒューストン作品『黒船』（一九五八年）は、ジョン・ウェインがタウンゼント・ハリスを演じて一九五七年に長期間日本ロケをした作品である。これも少しちがった意味で「幕末日本」へランナウェーしたのかもしれない。ヒューストンとジョン・ウェインとでは、双方とも居心地がよかったとは想像しにくいが、ワイラーのような紳士は、とてもヒューストンの真似はできない。ヒューストンは、世界をまわり、遊びもしながら映画づくりをして、政治や赤狩りを一時忘れた。彼はそういう芸当ができた。ヒューストン作品の出来不出来の落差が大きいこととも関係しているはずである。だが彼は自分を厳しくは点検しなかった。ヒューストンの無頼ぶりは、クリント・イーストウッドが、アフリカロケのときのヒューストンをモデルにした『ホワイトハンター ブラックハート』で、演出・主演して、ことこまかく描いており、見るものは度肝を抜かれる。

私事になるが、市川喜一から直接、「ウェインの手はごつごつしていて大きかったよ。ビール瓶が手のひらのなかに入るような感じで、それをころがしたりしていた」と手ぶり身ぶりを交えて話すのを聞いた記憶がある。一九六〇年の歌舞伎町ゴールデン街あたりのバーだったか、学生映画研究会時代、私には縁のないような場所での希有ともいえる思い出として残っている。市川喜一は、今井正『ここに泉あり』（一九五五年　製作者）、山田洋次『馬鹿まるだし』（一九六四年　企画）、山本薩夫『華麗なる一族』（一九七四年　製作者）など、ほかにも多彩にして多数、独立系のプロデューサーとして業界ではユニークかつ有名な人であったようだ。夫人は女優関千恵子。

4　絶望の三部作

ワイラーが『ローマの休日』直前に撮った三作品、『女相続人』（一九四九年）、『探偵物語』（一九五一年）、『黄昏《たそがれ》』（一九五二年）は暗い憂鬱な名品である。演出は完璧なのに、三作とも暗澹としている悲劇である。三作に共通するのは、人間が信頼しきれていないということである。だが、絶望が色濃いなかで、人間信頼への渇仰をみることも見逃してはならない。

それにしても、アメリカ映画史家は、この三作の位置づけを、ワイラーの内面との関連において綿密に検討していないようだ。マッカーシズムと対峙したワイラーの挫折という観点を踏まえて、この三作を考察するワイラー論を、私は少し書いたことはあるが、他には知らない。そもそも日本語で書かれた本格的なワイラー論がない。ワイラー存命中の飯島正その他を除いて私は知らない。ワイラーの死去したときの追悼の文章部分は、「キネマ旬報」でたった二ページである（№820）。泣けてくるほど貧しい企画である。

挫折の深さや、そこからの立ち直りを志向しているものを映画から探し出すこともっと綿密にやらねばならない。『ローマの休日』の評価が圧倒的に高い日本での、本格的なワイラー論がほしい。ヒューストンは「軽く」海外制作という形でランナウェーして赤狩りをくぐり抜けたが、ワイラーは沈潜しつつ、自己の弱さと内面で闘い続けた。絶望の感情は表にでたが、転向とか、「友好的証人」への道を歩むこととはちがった。敗北はみとめたが、それは軍門にくだり、当時の歪んだとしか思えない権力の意向に沿って歩むことではなかった。私は、この『女相続人』三部作のうち、『女相続人』と、あとの『探偵物語』『黄昏』とは、少しちがうと考える。あとの二作の後ろには『ローマの休日』制作への希望が見えてきているからである。

＊『女相続人』――一九四九年一〇月公開（パラマウント映画）

＊『探偵物語』――一九五一年一一月公開（パラマウント映画）

＊『黄昏』――――一九五二年六月公開（パラマウント映画）

むろん制作準備は、最低、公開の一年以上前から始まっているだろう。

『ローマの休日』一九五一年九月一八日――ヘプバーンのフィルムオーディション。

『ローマの休日』も同じくパラマウント映画であることを確認しておこう。同じ会社の流れのなかで、突然、異質な喜劇『ローマの休日』の企画がもちあがったのである。ワイラーにとっては、『お人好しの仙女』（一九三五年　主人公が鏡の前で、髪を切るシーンがあるが、なんとそれは男性主人公。だが、鏡の好きなワイラーということも含めて『ローマの休日』を彷彿とさせる）、『The Gay Deception』（一九三六年日本未公開）以来の久しぶりの喜劇なのである。何がしかのワイラーの事情があることは容易に推測される。

　その製作決定は、ヘプバーンのオーディションの半年前くらいであったとしても見当ちがいではないだろう。だとすると、『探偵物語』の進行中のどのあたりかで、ワイラーには、トランボと直接か間接かの接触がはじまっており、シナリオの原型は読んでいたと想像するのは不思議でない。ワイラーの「絶望」の時期と重なりはするが、その絶望の質が転換をはじめていると言ってよかろう。『ローマの休日』はコメディであり、人間信頼を描いた作品であることは、トランボの原案の時から定まっていたにちがいない。『ローマの休日』の最終点検稿の完成は「一九五二年六月五日」であったとの説がある。（"Radical Innocence" Bernard F Dick 1989）

　『ローマの休日』のような絶望や挫折とは無縁ともいえそうな元気印のラブコメディが、ワイラーのなかで、どのように位置を占めていくのかをみなければならない。オーソドックスなワイラー論がほとんどないなかで、この三作を自己流で位置づけるのは無謀ではあるが、それでも仮説としての試みは許されるだろう。さらに『ローマの休日』のなかに、前三作品に逆照射していくものもみつかるかもしれない。

一九四六年一一月二〇日公開『我等が生涯の最良の年』から一九四九年一〇月公開『女相続人』まで、丸三年のあいだ作品がないのは、その前後二十余年の多作なワイラーの作家歴で、この時だけである。今までの精力旺盛なワイラーには三年のブランクは長い期間である。この三年間、ワイラーは赤狩りと闘い、早々に挫折した思いを抱いて悩んでいた。真相不明な点は多々あるが、政治戦線からはともかく身を引いた。何をしていたかわからないが、ワイラーの内面は動いていた。絶望と、そこからの脱出、反「非米活動委員会」活動の総括と、それをみずからがいかに克服するかで悩みに悩んでいたと想像するのはたやすい。

敗残気分を引きずりながら、おもむろに暗い作品『女相続人』の準備にとりかかったように推察される。だが、本当に「絶望」的だけだったのか。そのあたりを考察し、遅くとも一九五一年の『ローマの休日』の準備着手について考えてみたい。単に、絶望だけでは説明がつかないものがある。まずは個別に作品を観ていこう。

『女相続人』の絶望の深さをみてみよう。原作はヘンリー・ジェームスの『ワシントン広場』。一九世紀中葉のアメリカの上層家庭。容姿と才能に自信のない引っ込み思案の娘キャサリン（オリヴィア・デ・ハヴィランドが実に美しいのは皮肉であるが）に、財産目当ての青年モーリス（モンゴメリー・クリフト）が求婚する。有頂天になるキャサリンに、浪費的遊び人モーリスが財産目当てである魂胆を察している父親（ラルフ・リチャードソン）だが、娘を愛するがゆえに結婚に反対する。夢中のキャサリンはいちばん信頼している父の言葉さえ聴く耳をもたない。モーリスとの駆け落ちを決意するが、モーリスは、女が父を捨てての「駆け落ち」では財産が手に入らないことを知り、どたんばで女を裏切る。二人が逃げる約束の日に彼はやってこなかった。

絶望するキャサリン。もう男など、父親をも含めて信じられない。何年かがたち、父が死んで父のかなり多額な遺産が入る。そのことを知ったモーリスは、遊んで暮らせるチャンス到来と、またキャサリンに近づいてくる。だが、彼女にはもう男への愛は醒めきっている。許しを乞うモーリスに、見向きもしない。いや、女は男に復讐を決意する。女は男になびく態度を示し、男が尋ねてくる時間を約束する。キャサリンの家を訪れ、扉を叩き続けるモーリス。キャサリンはまったく反応しない。父親にもモーリスにも、もう人間への信頼そのものをなくしている。父親が、娘を愛するが故の結婚反対であったのが、わかって以後も、キャサリンの不信は拭われないのは絶望の深さを示すだろう。

ラストにおけるヒロインはモーリスへの「勝利」を意味する。だが、なんとむなしい勝利であることか。誰もが知る旋律、マルティーニの「ピアチェール・ダモール」が哀切さをいや増す。ヒロインの冷徹さは見ていてつらい。本作の音楽担当アーロン・コープランドは、反「非米活動委員会」派である。だがキャサリンの愛への渇望感にも鑑賞者は気づかねばならない。深い絶望に反比例するように愛への思いは深いとみるべきであろう。演出密度は高く、オリヴィア・デ・ハヴィランドは出色である。三作のうちでは私は、これをとる。絶望三部作中、その絶望感はいちばん深い。ワイラーには、絶望を突破する光明はまだ見えていないということになろうか。

次が『探偵物語』である。ニューヨーク第二一分署。マクロード（カーク・ダグラス）は他人にも厳しいが自分にも厳格な正義の鬼刑事で、仲間からも一目置かれている。会社のカネを使い込んだ青年がしょっ引かれてくるが、彼を愛する幼友だち（キャシー・オドネル）が弁済するなら会社も許すと言う。警察の同僚も黙認してやろうと提案するが、マクロードは青年を許さない。小さな悪でも悪は悪、目こぼしはできない。堕胎医がしょっ引かれてきて自己弁護するなかで、愛妻メリー（エリナ・パーカー）の暗い過去を知ってしまうマクロード。鬼刑事がたったひとりだけ信じていたのが妻だった。妻に裏切られていたマクロードの絶望感は深い。妻は弁明し許しを乞うが、どうしても許せない。同僚から、やさしさを持て、彼女は君を愛しているのだと諭される。また人情派刑事ウィリアム・ベネディックスが「風が吹いたら曲がれ、そうじゃないと折れる」と語りかけるが受け入れることができない。いや、受け入れたい、自分にこそ問題があるのだ、妻に謝罪すべきだと思いなおした瞬間、署内で事情聴取されていた男が隙をみて一刑事のピストルを奪い発砲。倒れて絶命したのはマクロードであった。

マクロードを人間不信の塊にして死なせてしまうワイラーの暗澹たる気分に観る方が凍りついてしまう。さらに同僚との連帯感の持てない刑事の孤独も浮かび上がる。妻への不信は、「第一修正条項委員会」の仲間との関係と重なるようにも思える。反マッカーシー運動のなかにも人間不信や背信はあったと思うからである。「第一修正条項委員会」の周辺に集まるスターや映画を愛する市民たちは多いにもかかわらず、敗色が見え始めるとすっと引いていく。それはかんたんに後退させてしまうワイラーたちの運動自体にも問題がある。そういう弱さが、この絶望を嘆くワイラーの映画にそのまま反映しているのである。

とはいえ、マクロードには妻を信じたいと微妙な心の揺れが生まれてくる。ラストの、若い世代（オドネル）に希望を託すところにも救いがある。ほのかに見える人情味が『女相続人』の冷徹さとはちがう。みずからの決意が揺らぐところにドラマとしての妙味もある。この映画の制作のどこかの段階で、『ローマの休日』の話が入ってきたとの仮説をたてたい。この映画は警察署内だけのシチュエーションドラマだから、ワイラーは、シナリオの最初から「順撮り」をしていると推察される。『探偵物語』に暖かい風がそよりと吹いてくるのは結末部に近いことも私には、なにかワイラーの心境の変化をみるように思えるが、あまりにも憶測が過ぎるかも知れない。キネマ旬報第三位。アメリカでは大ヒットだった。ワイラーへのパラマウント社の信頼感は増していると考えてよい。

本作で女スリが、警察署のなかで動きまわり、見る者に少しばかりのゆとりを感じさせてくれる。カンヌ映画祭で女優賞などを得て前途有望ともくされた、この役者リー・グラントは、結婚した相手と彼女の親友が「非米活動委員会」ににらまれていたために、ただそれだけの理由で、彼女自身までブラックリストに載せられてしまったという。以後、一六年間、ほとんどほされっぱなしだった。だが節を守った。彼女は『夜の大捜査線』（一九六七年）で復活する。「旬」の時期を失った女優、いや、ついに復活できなかった映画人たちのことを思う。密告監視社会の恐ろしさにおののく。異質を排除する社会は怖い。

絶望の第三作は『黄昏』。一九世紀末シカゴ。女優志願の貧しい田舎娘キャリー（ジェニファー・ジョーンズ）を助けた高級レストランの中年支配人ハーストウッド（ローレンス・オリヴィエ）。彼には冷徹な妻がいて、家庭の雰囲気は冷え切っている。それへの反動もあって、ふたりはいつか離れられない仲になる。男はキャリーにつぎこみ、店のカネにまで手を出す。キャリーは女優になるため姿を消す。大スターになった彼女がシカゴに戻ったとき、妻や子どもに捨てられ、すべてをなくした無残なハーストウッドをみる。その日の食事にも事欠き、病気は進行している。もう死を待つばかり。事態の深刻さに衝撃を受けたキャリーは、今の自分の成功はハーストウッドのお陰でもあるとわかり、彼へのつぐないを決心する。だがハーストウッドは、キャリーの心を知りながらも、彼女の成功の邪魔になってはいけないと去っていく。待っているのは死であろう。

ハーストウッドの死が暗示されている。愛しあっていても元に戻ることはない。成功した女が、死にそうな男を助けねばとの気持と、男が女を愛するが故に、甘えは許されないと感じるのは、二つの魂の歩みよりを示している。二人が愛を確認したうえで、男が消えていくというところに、甘さは出てしまうが、そこには一点の救いがある。

『探偵物語』と『黄昏』の結末が死であるのに、死とは無縁の『女相続人』のほうが絶望が深いのは、ワイラーの『ローマの休日』への準備が『探偵物語』と『黄昏』製作の進行のなかで、次第に本格化してくることとつながっているからだと推測したい。ワイラーは再起すべく、少しずつ決意を意識化していったろう。

ワイラーは、赤狩り勢力と闘う運動から滑り落ちた。ほとんどの映画人が一歩後退した。ワイラーに裏切りはなかったと思いたいが、自分が闘うことはもうできそうにない。闘っていた人たちからは離れた。ヒューストンのように海外に身を預けることはできない。だが、このまま負け犬になってはいけないと思う。それでもワイラーは谷底に落ちこんでもがいているのは事実である。

いま、ひとすじの光明が、この三部作の後半部分制作時から見えてきたのである。さらに、実は、ワイラーを支えているものがある。それは何か。

5　助監督レスター・コーニッグ

ワイラーは落ちこみ、絶望感のなかで自分自身と闘い苦しんでいる。ところが上島春彦『レッドパージ・ハリウッド』に「ワイラーの右腕レスター・コーニッグ」との一節があり、この人物がワイラーにとって、「そのキャリアの転機に最も重要な役割を果たした人物であった」と書いている。上島は「詩人兼左翼ドキュメンタリスト」のコーニッグがワイラーとの関わりが深いとしている。それに続いてワイラーにとってコーニッグは重要な相談相手だったとする記述があり、ワイラーの挫折と再起についての私の疑問を解き明かす重要な手掛かりを与えてくれた。

上島著に励まされ、ちがう文献を探した。読んでみて上島説の重要さを知った。次はヴィクター・ナヴァスキー『ハリウッドの密告者』の一節である。パラマウント経営陣の一人フランク・フリーマンが書いた文章（手紙）が紹介されている。驚くべき証言である。

「ワイラーの助監督の一人にレスター・コーニッグという若い男がいました。……私たちのパラマウントの誰もがこのコーニッグがかつて共産党員だったとは知りませんでしたし、夢想だにしなかったのです。もし知っていたら、ワイラー氏に助監督指名の権利があったにしても、絶対にそんな契約更新など認めなかったはずですから。……

パラマウントがレスター・コーニッグの件で直面している問題と、同社が一刻も早く『ローマの休日』の撮影にとりかかって完成させなくてはならないことについては、ニューヨークであなたに説明したとおりです。撮影完了は、レスター・コーニッグがウィリアム・ワイラーを助け、完成に必要なことを果たすのをぬきにできないのです。コーニッグ氏にこの仕事をさせられない場合は、企画全体が大きな被害をこうむりかねません。コーニッグ氏の名は、この映画の製作との関連では絶対に表に出ません。……この（一九五二年）八月に契約が切れても更新はありませんが、映画完成までにはそのあとさらに数週間は必要かもしれません」

レスター・コーニッグという若い映画人が、どのようにワイラーを助けているのかを上島に教えられながら私は調べていった。Jan Herman の〝A Talent for Trouble〟（PATNAM 1995）によるワイラー作品一覧で調べてみると、レスター・コーニッグは、次の六作品にはっきりとクレジットされている。日本での資料とはちがうところがある

『メンフィスベル』（一九四四年）……ナレーション（執筆）
『サンダーボルト』（一九四七年）……スクリプト
『我等の生涯の最良の年』（一九四六年）……プロダクション・アシスタント（画面には表記なし）
『女相続人』（一九四九年）……アシスタント・プロデューサー
『探偵物語』（一九五一年）……アシスタント・プロデューサー
『黄昏』（一九五二年）……アシスタント・プロデューサー

これにノークレジットの『ローマの休日』がプラスされる。要するに、コーニッグは、一九四四年から一九五二年秋頃までの九年もの間、ワイラーの全作品七本の助手というか、相談相手として作品のすみずみまで熟知し助言する部署にいたのである。ファーストの助監督よりも実質的には上位であろう。『メンフィスベル』ではナレーションを書いているほどだから、当然、シナリオにもタッチしていたと推測できる。作品まるごとをワイラーと共有していたと考えられる。例の「絶望」の三作品も例外ではないはずである。ワイラーは私の調べでは四六本の演出作品が

あり、この六本と『ローマの休日』以外にも多くの粒ぞろいの作品があるから、ワイラーの実力を疑いはしないが、先の手紙だけを読むと、いささかワイラーの主体性を疑いたくなるほどコーニッグを重用《ちょうよう》しているのがわかる。絶望の深いワイラーを根気よく励まし続けた仲間なのである。

パラマウントのお偉方の嘆きが微笑ましくさえ思える。ブラックリストに載るべき人だと知らずにコーニッグを見すごしてきた。ワイラーは、そのことを知っていながら何も会社に通報してこなかった。二人はニューディール時代からの子弟なのだから、「密告」「裏切り」の心配など皆無のなかで、とりわけ戦記ドキュメンタリーづくりでは生死をともにしてきた。励まし支えあう、ある種の「共犯」関係でさえある。だとするとパラマウントのお偉方の嘆きが愉快にさえ感じられる。『ローマの休日』のローマでの撮影にワイラーがこだわった理由もさもありなん。

一九五一年九月になって、「密告」者によって、コーニッグが「ハリウッドの映画産業に巣食う共産主義者」だと判明する。すぐさま「非米活動委員会」による尋問が準備される。だがコーニッグは、「一切の証言を拒否」し、ブラックリストに載せられて、ハリウッドから追放される。「こうしてレスター・コーニッグのハリウッド時代は、あっけなく終わりを告げ」たと上島は記している。しかしパラマウントは、またワイラーとコーニッグにしてやられる。既成事実としてすでに『黄昏』の撮影はほぼ終了していたと考えられるし、『ローマの休日』についていえば、コーニッグが「密告」されるのが九月とあるのは、ちょうどヘプバーンのフィルム・オーディション時と重なるが、コーニッグに尋問要請が来るのは、もう少し後だと考えてよかろう。

着々と裏で進む『ローマの休日』の準備にもコーニッグは一部始終通じていたと推測できる。

コーニッグはパラマウントを追い出されるが、ワイラーは、しばらくたってからのローマ・ロケに同行させる。あるいは先発隊として早々と現地入りさせたとも推測できよう。実力行使である。パラマウントはコーニッグの力量がわかっているがゆえに拱手傍観するしかなかった。さらにコーニッグがローマに行ってしまえば、「非米活動委員会」側に露見しないという計算もあったろう。もっと大事なトランボのシナリオの問題もあるわけだが、パラマウントは、むろん、この秘密は知らなかった。コーニッグには目をつぶることができても、トランボを擁護することはできなかったろう。パラマウントは二重に、ワイラーたちにしてやられている。だが言い方を変えると、トランボや、そのフロントとされるイアン・マクレラン・ハンターの秘密参加は露見していないことがはっきりするというようにも理解できる。

ワイラーは正真正銘のデモクラットである。だからコミュニストであることがわかっているレスター・コーニッグの才能が本物であることを知ったとき、コーニッグの実力を知るがゆえに、彼への信頼は本物になったのだろう。それにニューディール時代には、コミュニストはあちこちで公然と活躍していた。彼等こそが本当の、反ファシズムの闘士でもあったのだから。

ワイラーは、コーニッグを守り抜いた。コーニッグも兄貴分のワイラーにへばりついて全力をそそいた。彼等の信頼関係が本物だったことがうかがわれる。コミュニストを排除しないリベラル・デモクラットとしてのワイラーの芯の強さを実感させてくれる。

部分的なコピーしかないのだが、〝A Talent for Trouble〟に決定的とも思える証言があるのを見つけた。「一九七七年のコーニッグの死に際し、ワイラーは讃辞を贈っ」ている。次の通り。「我々はローマを解放した最初のアメリカ軍の部隊のひとつだった。彼は『メンフィスベル』や『サンダーボルト』で、〈Bronze Star〉を受賞した。戦後のレスターの私の作品への貢献は計り知れないし、単にクレジットに載せることよりはるかに大きいものだ。彼はブラックリストに載った人として記憶されている。彼はブラックリストを作った自称愛国者よりも、もっと愛国者であった」

コーニッグとワイラーは、「我々」なのである。ワイラーは、アメリカ支配層が叫び続けるPatriots＝愛国者よりも、ブラックリストにのったPatriots、すなわちコーニッグのほうが立派だという反語的ともいえる「讃辞」を連ねている。ともあれ、これは決定的な資料のひとつであろう。戦時、二人はイギリスから飛び立ってドイツを爆撃する戦闘飛行機「メンフィスベル」に同乗して生死を共にもしたのである。コーニッグも軍籍をもっていただろう。あのロベルト・ロッセリーニの『戦火のかなた』（一九四六年）の連合軍のローマ入場シーンに、軍服を着た二人は映っているのかもしれない。

『女相続人』『探偵物語』『黄昏』を「絶望の三部作」とする根拠が半分壊れてしまいそうである。どうして「半分」なのか。「第一修正条項委員会」から脱落し、挫折感に苦しんでいることは事実だからである。ジョン・ヒューストンが海外逃亡したことにみるように、運動自体が雲散霧消してしまった以上、どうにもいたしかたがなかったのが実情なのだろう。ローレン・バコールがいみじくもいったように、政治の季節は去ってしまった。だがブラックリスティは闘ったり、どこかにもぐり込んで苦しんでいる。やはりワイラーは、絶望的気分ももっていた。その暗い気分が、絶望の三部作をつくらせた。コーニッグはワイラーが運動を裏切っていなかったから、彼から離れなかったし、苦悩を共有する気分があったのだろう。

『ローマの休日』の演出機会が思わぬところからやってきた。なんとハリウッド・テンの中心人物ダルトン・トランボのシナリオである。旧知であるが、さまざまな思いがある。慚愧の念が一番強いか。一九四七年の「非米活動委員会」と真正面からぶつかってから、二人の道は、いささかコースを別々のものにしていた。だがワイラーは、ここぞと、決死の思いで大手会社パラマウント作品として引き受ける。何が何でも人間として復活したい。ブラックリスト組への秘かな連帯感をもちたい。そんなワイラーをコーニッグは支えた。

条件は三つ。

ひとつは、トランボの実名はクレジットしないことを彼自身と密約すること。

二つ目は、正当なシナリオ執筆料を支払うこと。

三つ目は、ハリウッドでは撮影しないこと。コーニッグのことも含めて、露見すれば大変なことになるのでローマで撮って、そこで仕上げる。

トランボにはうれしい条件でもあり、ノンクレジットは悔しい提案でもあったろうが、それでも、やめることにはならない。フロントの役割をするマクレラン・ハンターも信頼できる。彼は実際にも『ローマの休日』のシナリオに手を入れたことが、あれこれの人たちの発言の感触からわかるが、とにかく役割を果たしてくれるだろう。ハンターについては、ハリウッド・テンの一人リングラードナー・ジュニアとの友情物語が新たに加わるので、後述するが、彼も非転向の硬派デモクラットである。ハンターのことも、これまでの「フロント」的役割をしたという通説をひっくり返すことができそうである。

ワイラーからいえば、トランボのことが露見すればどうなるか。最悪の事態になるかもしれない。たしかにトランボを匿名にするのは忸怩《じくじ》たるものがある。そんなことも考えながらの決断であった。挫折からの復活決意は、訳の分からぬまま清水の舞台から飛び降りる気持より、はるかに本物の人生を賭けた決意を必要とする。

キネマ旬報のベストテンにランクインされた作品数はワイラーが一四作品で、これはクリント・イーストウッドの一五本に次いで、外国人作家では第二位である。ワイラーの巨匠ぶりがわかる。

上島春彦の『レッドパージ・ハリウッド』は、コーニッグのことも含めて、ワイラーにかなりの紙数を費やし、少ないワイラー資料では貴重であり、ワイラー論の再検討を迫っているかにも思えるが、それでもなおワイラーが、赤狩りとどのようにかかわったかの資料や発言は少ない。上島の関心は作家論、作品論にはないようだが、本国でのワイラー再評価と、日本におけるワイラー論への取り組みは重要な課題である。もっと本格的に論じなければ、アメリカ映画史は、まっとうなものにはならない。二〇一一年に『素晴らしき哉、フランク・キャプラ』（井上篤夫　集英社新書）が出た。戦後のキャプラは元気がなかった。その忘れられようとしているキャプラに、日本人が独自の視点で光を当ててうれしいが、新しいワイラー論は出てこない。

「カイエ・デュ・シネマ」の総帥アンドレ・バザンには、技法的なことが中心であるが、すぐれたワイラー論がある。私は大きな影響を受けたが、ヌーベル・バーグのトリュフォーなどには受け継がれなかった。ワイラーは評価されていない。私はワイラーのとりわけ日本での復権を願う。人種差別や憎悪の再生産、テロや暴力の拡大拡散の時代に、改めて、真にヒューマンな『友情ある説得』や『L.B.ジョーンズの解放』などの本格的な作品論と作家論に取り組まなければならないのではないか。『ローマの休日』以後のワイラーは「絶望」とは無縁に、生き生きしている。ともあれ、『ローマの休日』の撮影時点で、ワイラーは五〇歳。二一世紀の現代でいえば、まだまだ働き盛りに入ったばかりの年齢である。

6　決意

トランボのシナリオの話が持ち込まれた。まだその時点ではブラックリストに載っていないイアン・マクレラン・ハンターが仲介したのではないかという根拠薄弱な想像を私はしたりするのだが、シナリオを読んだワイラーは、再生の道が示されたように思っただろう。コーニッグの意見も同じだったと考えたい。ハンター仲介説を述べたが、コーニッグだったかもしれない。撮りたい。シナリオ執筆料は、メジャー大監督だからかなりの高額をパラマウントは出すだろう。トランボの経済的窮状を救うのにも役立つはずだ。

トランボの出獄は、一九五一年中頃だから、刑務所入りの前後か、入獄中の初稿完成だろう。彼は速筆、それほどの時間をかけずに荒っぽいものとしてでき上がった。かつてトランボはハリウッドで一、二を争う高額をとる職人的ライターで、赤狩り以前は、週給四〇〇〇ドルで、シナリオ一本七万五〇〇〇ドルだったとの説も流布している。それが追放後は、最盛期からいえば「はした金」の千ドル単位で書きまくり、群小プロダクションに匿名、ないしは無名で売った。支払われる小切手に、どうサインすればよいのか困ったなどというエピソードも流布し、現金の手渡しよりもサインが重要視されるアメリカで匿名性に生きるのは大変だったとも伝わる。どんなジャンルもこなしたがストーリーテラーのトランボ作品は、安価なこともあってどれだけでも需要があった。

はじめトランボは、『ローマの休日』を巨匠フランク・キャプラにと考えた。そして大手資本の作品にしたかった。作品の質に自信があったということか。この事実からもトランボのなみなみならぬ意欲がうかがえる。イタリア移民の系譜キャプラはルーズベルト時代の映画界最大の良心であり、輝ける星だった。そういう信頼感があった。

あるいはトランボの念頭にキャプラが浮かんだのは、キャプラを一躍有名にした『或る夜の出来事』だったかもしれない。富豪の令嬢と、しがない新聞記者の道中記的ラブコメディである。『ローマの休日』の原点は『或る夜の出来事』に近い。余分なことを言えば、『或る夜の出来事』の結婚式のドタキャンは、アメリカ映画のひとつのタイプでもあるようで、後年のダスティン・ホフマン日本登場作品『卒業』（一九六七年）に引き継がれている。『ローマの休日』は、キャプラ作品の焼きなおしともいえる要素もある。両作とも左翼的な傾向や社会性はない。あるのは市民的なものが優位であるという民主主義的なベースが活写されていることぐらいである。

キャプラは、自分が得意とする洒落た恋愛喜劇として、トランボの作品を買おうとした。だが結果的に、ブラックリスト記載のトランボ作品を映画化する勇気がなかった。作品のなかに「非米」的傾向がないにもかかわらず、である。キャプラは、かつて次の発言をしている。「私が最高だったと思う脚本家は、『スミス都へ行く』（一九三九年）を書いた人物である。……共産党員であることは本人の口から聞いて知っていたが、そんなことはどうでもよかった。作品を支配していたのは私であり、私の気に入らない要素は入りようがなかった」。また「私が手にした脚本の中で最高のもののひとつであり、名ゼリフを多数含んでいるものは、シドニー・バックマンのものだった……」(前掲『素晴らしき哉、フランク・キャプラ』)

『スミス都へ行く』は傑作である。民主主義の教科書的作品である。ストレートにみずからの身の処し方に迫ってくるリアリティをもっている。私はこの作品には力をもらい続けてきたが、シドニー・バックマンは非転向を貫いたライターであることを、井上著ではじめて知った。キャプラは、ワイラーやジョージ・スティーブンスとともに、民主派が結集する「リバティ・プロダクション」をつくっていた。スティーブンスは、フレッド・アステアとジンジャー・ロジャースの傑作ミュージカル『有頂天時代』(『スイング・タイム』とも。一九三六年)を演出し、日本でいちばん有名なのは『シェーン』(一九五三年)であるが、彼には社会問題劇『陽のあたる場所』(一九五一年)もある。これはベストセラー小説『アメリカの悲劇』が原作で、作者セオドア・ドライサーは、ワイラー『黄昏』の原作者でもある社会主義者で、シナリオはブラックリスティーのマイケル・ウィルソンが書いている。

だがシナリオ『ローマの休日』売買の件で、トランボは、キャプラは往年の先進的民主主義礼讃者ではなくなったと判断した。戦後のキャプラは元気がない。キャプラほどの巨匠でもマッカーシズムの嵐は怖かったのか。彼がマッカーシズム協力者との説さえある。

次に、同じ「リバティ・プロダクション」との気安さもあってワイラーに話をもちこんだ。詳細は不明。トランボは危ない橋を渡っているから、正確な記録を遺していない。ワイラーは、トランボ作品を監督することが、どのような政治的意味をもつかを、充分に承知していた。キャプラが断った理由も理解していたろう。むろん何も書き残してはいない。

7　『ローマの休日』とチャップリン

一九四七年一一月から一九五四年一二月のマッカーシー譴責決議までが、赤狩り時代のピークである。この赤狩りが猛威を振るった七年間における、小さくはあるが曲がり角のひとつが、一九五二年九月のチャップリン追放と『ローマの休日』の製作進行だと考えたい。

『ローマの休日』のワイラーとトランボの決意、さらには、ふたりと親しかったコーニッグとハンターがすべてを承知したうえでの意識的な映画製作への協力。彼ら中枢部数名が連帯責任で、ハリウッドへの抵抗をしたことになる。グレゴリー・ペックとエディ・アルバートも、赤狩りに反対の立場を明確にしていることもあってワイラーは出演を要請したようだ。二〇一一年五月二〇日のNHKBSドキュメンタリー「『ローマの休日』―「赤狩り」の嵐のなかで」のワンカットに、ロケ撮影現場スナップがあった。ペックが写っており、カメラがその右隣にいる若い男に移動する。字幕で「レスター・コーニッグ」と出て、ナレーションが入る。

「前年、赤狩りのブラックリストに載り、追放された男でした。ワイラーは信頼をおく人物だけをローマにつれていったのです」。ブラックリストのコーニッグの欄も映される。そこには、「共産党員であることを認めるか、認めないか、答えることを、拒否する」と記載されている。そのため「疑わしきは罰する」としてリストに登載されたのだ。一部始終を承知で、ワイラーは、必要な人物として同伴したのである。だから映画画面にはクレジットできない。その内部事情を、NHKが証明しているのである。藤原帰一（東大教授）、上島春彦（映画史研究者）、中村うさぎ（作家）、斎藤由貴（女優）、それぞれ研鑽を積んだ発言と鋭い感性での感想が、私を緊張させ、嬉しがらせてくれた。NHKはよくぞこの番組をつくった。東北震災直後の鬱々とした時期の番組であったが、画期的だと思った。

『ローマの休日』は、実に、第二次大戦後冷戦下における、真のデモクラットたちによってつくられた（むろん数百人のスタッフ、キャストの協力共同があってのことであるが）、みごとにリベラルな映画なのである。ひとつの歴史を切り開いたのだ。

ところでチャップリン。彼が悠然とアメリカを追われたことはすでに述べた。だが彼はアメリカを逃れて安全地帯で余生を悠々と暮らすつもりはない。スイスでレマン湖を見ながら葡萄畑を訪れてはワインを楽しむ日々ばかりではなかった。一九五七年にイギリスでつくった最後の長編ワンマン喜劇映画『ニューヨークの王様』のテーマは、実に赤狩り批判そのものである。この映画について述べておこう。

ヨーロッパ某国の王様チャップリンが、革命で民衆から追われてアメリカに逃亡する。その内実は、王様が原子力の平和利用を唱えたのに対して、民衆が原爆水爆を作るべしとチャップリン王を追い出したのである。逆転発想ともいうべき、このあたりの展開は実にチャップリンらしい独創である。「自由」の都ニューヨークへ逃れた王様は、異様に喧騒な都市文化に違和感をもつ。軽佻浮薄なアメリカ文化批判である。彼は一人の天才少年（マイケル・チャップリン）に出会い、彼の両親が「非米活動委員会」（？）に出頭させられているのを知る。王様は理不尽であると憤り、「非米活動委員会」へ出かけて行き様子をみる。

少年の父親「教員です」
尋問官「あなたは共産党員でしたか」
父親「はい、一九四〇年入党、五〇年離党です」
尋問官「友人に党員はいますか」
父親「自分のことならともかく、他人の話をするのは良心に反します」
尋問官「答えないと国家侮辱罪に問いますよ」

それを見ていた王様チャップリンは、消防用のホースで法廷の尋問官たちに水をぶっかける。

廷内はびしょ濡れ。チャップリンのドタバタ喜劇調である。これほど大袈裟におおっぴらに赤狩りを茶化したものは最初で最後だろう。チャップリン映画としては上出来ではない。ギャグも工夫しているが、全盛期の喜劇王の鋭さと鮮やかさはもうない。だが、この紹介した部分をみれば、痛烈な赤狩り批判であり、アメリカの狂気に対する弾劾であることは一目瞭然である。ヨーロッパでもチャップリンは果敢に闘っているのである。

イギリス映画ではあるが、私の知る限りでは、赤狩り批判を真正面からしかけた最初のセミ・メジャーな映画である。一九五七年は、マッカーシー旋風は峠を越したとはいえ、トランボたちはブラックリストに登載されたままである。次の山をこえるのは一九六〇年のカーク・ダグラス制作・主演、スタンリー・キューブリック監督『スパルタカス』である。『ウディ・アレンのザ・フロント』が出るのは、さらにずっと後の一九七六年である。少し切り込み方のちがう『追憶』(シドニー・ポラック監督)がそれより先の一九七三年であるが、それについては後に述べねばならないだろう。

本書のタイトルは『ハリウッド「赤狩り」との闘い——「ローマの休日」とチャップリン』である。正直なところ、『ローマの休日』とチャップリンの直接的な接点はない。

だがチャップリンのアメリカ追放、すなわち受難は、ハリウッドの映画史、あるいはアメリカ民主主義のありようの歴史のなかでも、ひとつのターニングポイントであったと考えたい。チャップリンを追放したとき、アメリカは自国の民主主義の歴史にひとつの汚点をつけた。チャップリンは、この受難を悠然と受け入れた。いや、赤狩りを断固拒否したということでもある。チャップリンはアメリカの権力をそれほど恐れていたとは思えない。この時の権力には、真の民衆的基盤がないからである。敗北感など毛頭なかった。むしろアメリカの支配層の危機感のほうが強かった。マッカーシズム的非民主主義がこのままでは立ち行かないことをアメリカの敏感な政治上層部は深いところで感じていた。だからこそ、姑息で卑屈ともいえる「追放」しかできなかった。

時を同じくして、ローマでは、マッカーシズムに一矢を報いる秘めた意図をもった映画『ローマの休日』の撮影が、いっけんなごやかな雰囲気のなかですすんでいた。ワイラーはトランボのシナリオで演出しながら、これまでの自作三作品の挫折感や暗い思いを払拭して、王女と新聞記者のラブコメディのなかに光明を見いだす契機を探ろうとしていた。みずからの後退を悔やみ、トランボ脚本によってみずからの暗さから立ち直ろうと意識していた。コーニッグやハンターが支えてくれている。

一九五二年の夏。チャップリン受難と『ローマの休日』撮影の時期が重なったことは、偶然のことである。この二つを直線でつなぐことはできない。だがアメリカ民主主義回復への歴史の軸が、まさに音もなく動こうとしていた、そういう時期にさしかかっていたと考えたい。ブラックリストへの記載者名は増えていて、最終的には三〇〇名を超えるとあるが、そしてさらに何千あるいは何万という多くのねらわれている予備軍的デモクラットがいることが問題なのだが、ともあれ「冬の時代」は続いている、だが、「冬、来たりなば、春、遠からじ……」。前述したように、ワイラー監督の実質的な相談相手である助手のレスター・コーニッグがブラックリストに載っている。それをハリウッドの支配層は承知しているにもかかわらず、容認せざるをえなかった。有能な人材こそが財産だとハリウッド大手でも気づきはじめたということであろう。一九五四年には、後述のテレビ番組「グッドナイト&グッドラック」のマッカーシー糾弾が支持を得ることになるし、軍隊内部にまで反マッカーシーの雰囲気が生まれ、このことはマッカーシー派には大きな痛手ともなり、一一月、マッカーシーは、アメリカ議会で権威失墜となることは述べた通りである。

赤狩りの時代の「終わりの始まり」が、アメリカを離れた大西洋上の船の上と、ローマの地で、新しいビッグスターを産み出す予感を秘めて進行していたのである。

8　友情、なによりも友情――ひとつの貴種流離譚

ダルトン・トランボは、『ローマの休日』という「軽い」、洒落たコメディに、赤狩りへの間接的な抵抗の姿勢をこめながらも意識的に隠している。それをワイラーたち、現場の作り手の何人かは、充分に理解したうえで、暑い夏のローマでがんばっている。そこを見逃すと、映画の

「芯」を抜きにしたよくできたおとぎ話的ラブストーリーになってしまう。

だが、公開当時、赤狩り云々と、観客たちは夢にも思っていなかった。身分ちがいの恋愛や友情の厚さを内に秘めつつ、一人の女性の成長物語を通じて、人間信頼を歌いあげたウエルメイドな映画として圧倒的多数の観客から支持された。さらに、ヘプバーンの予想をはるかにこえた魅力を観客が熱狂的に受け入れたというおまけがついた。玄人筋の映画評論家たちも、ワイラーの起承転結がしっかりとしたハートウォーミングな作品として受け止め、繊細かつ綿密な計算の行き届いた演出に支持を表明した。あるいは高貴な王女が、市民たちとのふれあいから真の友情と愛を学んでみごとな成長をとげ、元のサヤへ以前にも増して輝いて収まるということから、女性の貴種流離譚的な匂いを感じていたのではないかと、今にして思う。トランボやワイラーが意識するしないにかかわらず『ローマの休日』を「貴種流離譚」として読み解くのは、それほど無理なことではないだろう。

公開当時から、シナリオも演出も、ヘプバーンも二重丸の評価であったが、そこに政治性を感じとったものはいなかった。トランボとワイラーも、マッカーシズムや赤狩りを意識してみる観客を想定していない。裏側のメッセージを見破るとか見破られるとかは、その時点では想定していなかったろう。だからトランボとワイラーたちは、言ってみれば、『ローマの休日』に含まれている政治的な意味合いは、わからないままでもよいと考えていたはずである。五十年百年後にわかる人があればよしとするくらいの思いがあったかなかったか。墓場まで持っていくしかない秘密である。

それにしてもトランボとワイラー、あるいはコーニッグやハンターの、この映画に込めた秘密のメッセージへの思いは深かったろう。彼ら中心的な作り手のそれぞれは思想も政治的立場もちがうが、アメリカを愛するデモクラットという一致点はもっていた。赤狩りという非人間的なものに対して深いところで抵抗するとの自覚だけは共通していた。これからの叙述で確認していくが、深い思いが秘められていたからこそ、表に出ている人間信頼の物語としてもきりりと引きしまった快作になったとの自負があったにちがいない。

すぐに結論めいたことを提起せずに、ここでは少し立ち止まって、『ローマの休日』を再点検するかたちで、大事なところ、すなわち作者たちの「深い思い」を探ってみることにしよう。もちろんハリウッド・テンのトランボが、赤狩りへの批判を込めて書いたことを知ったうえで、しかし当時の観客は知るよしもないということを前提にして、この映画を見直してみるということである。


最初は、新聞記者と王女との「カネと友情」についての再考である。アメリカ人の新聞記者ジョー・ブラッドレー（グレゴリー・ペック）は、勤務する新聞社のローマ支局長と「カケ」をする。ジョーが、某国王女アン（ヘプバーン）のローマでのおしのび行状をスクープ記事として書き、それに写真を付けたら、五〇〇〇ドルの褒美を貰うという約束をとりつける。一ドル三六〇円の固定レート時代だから、日本だと一八〇万円であり、調べてみると一九五二年当時の日本の大学卒の上級職国家公務員の初任給は諸手当抜きで、七六五〇円とある。だとすると、二三五か月分の賃金ということになり、約二〇年分である。最盛期のトランボのシナリオの単価と比較すると安いのは気になるが、日本の物価はそれほど高くなかったから、賃金の二〇年分とは大袈裟であるが、日本の物価表と照合してみるとそういうことになるのである。そのあたりの深い詮索はやめよう。（ついでながら、東京大学の年間授業料は、六〇〇〇円で、都知事の給料は一一万円だった）

だが結果は、二〇年分の月給を貧乏新聞記者ジョーは捨てた。王女アンの写真付きお忍び行状記事を支局長に渡さなかった。スクープは充分できるのに放棄した。もしスクープできなければ、すなわち失敗したら逆に一〇〇〇ドル、日本公務員の月給四年弱分を支局長に罰金として支払わねばならない。その負債をもジョーは甘んじて受けた。とはいえ、ジョーは、王女と恋におちたのだから、二〇年分の月給をフイにしても、それ以上の人生最大の貴重な経験をしたのであり、アンへの愛を心に秘めて生き抜くことができる。二人の心の絆は永遠のものである。これはカネでは買えない。愛は強い。当然かもしれない。

大事なのは、王女のローマの一日を秘かに写真に撮ったジョーの友人写真家アービング・ラドビッチ（エディ・アルバート）であろう。カメラマンのアービングは、ジョー記者から報酬の四分の一をもらえることになっていた。五年分の賃金である。だが、彼も五年分の賃金にあたるカネを、それなりにジョーに抵抗して稼ごうとしてはみたものの、結局はあきらめた。ジョーの気持、(そしてアンの心)を推しはかったからである。まさに友情。暗黙の了解である。もしアービングがその気になり、ジョーが諦めたスクープを、写真として新聞社に売れば高く売れる。アン王女の、ギターで秘密警察を叩きつける写真や「真実の口」のワンカットなど、決定的瞬間のショットをいくつも撮っているのだから、五〇〇〇ドルどころの報酬ではなかったろう。支局長は一万ドルでも買って、アービングから、あれやこれやのエピソードを聞いて記事にすることができた。世紀のスクープである。だが売らなかった。

ジョーとの友情からである。この部分が本作の核であり、トランボのシナリオのもっとも重要なポイントのひとつである。大金よりも友情の方が大事である。アービングは女友だちとのつきあいのカネにもこと欠いていて豊かではない。だが大金を諦めた。喉から手が出るほどカネがほしかったはずだ。それなのに夢のような大金を忘れることにした。

アービングはジョーとはちがって、恋をしたわけではない。ただただ男同士の友情からである。王女とジョーの気持ちを忖度して、カネではなく、友情のほうを大事にした。王女との会見場におけるアービングの笑顔はすばらしい。同時に王女アンも一瞬のうちに、スキャンダルにはならない、ジョーとアービングと王女自身の人間的な連帯感であると察した。男同士の友情が、何にも増して価値あるものだと一瞬のうちに察知した。

もうひとつ、ラストシーンの記者会見場における王女アンのジョー（そしてアービング）の、言葉と言葉にできない友情と信頼の確認の持つ意味は絶大である。記者からの「諸国間の友好の見通しについて」の感想を求められての答え。

王女「諸国のすべての友好を信じます。（用意された答えから離れ、ジョーをまっすぐに見つめながら）人と人との友情を信じるように。（側近たちは驚いて顔を見合わせる。王女の答えは、ジョーに個人的な衝撃を与える。一瞬ためらった後、彼は発言する）」

ジョー「恐れながら、自社を代表して申しあげます。妃殿下のご信頼が裏切られることはないと思います」

王女「（ジョーをじっと見つめ、目を潤ませながら）それを伺い、大変嬉しく思います」

（『cine script book ローマの休日』一九九二年　マガジンハウス）

アメリカは、いま「赤狩り」という名目で、共産主義者のみならず、リベラルな映画人を誰彼となくハリウッドから追い出している。映画人は疑心暗鬼になり、不信と裏切りと密告が渦巻く暗黒時代である。その時に、映画を通じて人間信頼を宣言する。それは、いわばハリウッドを支配する不信の時代を払拭しなければならない、という願いである。

この「私的な願い」を、衆人環視のなかで三人だけにわかる言葉でやりとりするのは、三人の人物にとってはむろんだが、映画演出上でも冒険である。ひとつまちがえれば、そこにいる新聞記者たちはしらけるのがわかるし、観客にも「間」ばかりが多い、つまらないものになってしまう。アンとジョーにさっぱり感情移入できない状態になるかもしれない。だとしたら、しまりのない陳腐なラストシーンになってしまう。だが、この冒険ともいうべきシナリオと演出をあえてした。そして一〇〇％以上の成功に達した。だからこそ、永遠の、と形容できるような生命力をもった輝かしいシーンになりえたのである。トランボとワイラーは、しらけた映画的空間になるかもしれない危険をおかして、映画的な賭けと冒険を断行し、それを成功させたのである。映画の裏の意味など知る由もない観客たちも掛け値なしに感動した。このような成功は希有の例だといってよかろう。

それもこれも、トランボやワイラーの、ハリウッドの現状やアメリカの危機的状況に対する、熱烈な思いが秘められていたことが、それとは無縁の観客の心をつかんだのであろう。平凡なセリフのなかに「裏切りや密告」が横行するハリウッドの窮状を打破したいという万感の思いがこもり、それを知らない観客は、作り手の意図を超えて、しっかりと受け止めたのではないか。演出は的確に、個人の言葉を映画全体のメッセージに昇華させている。映画の大団円である以上の意味があふれだす。『ローマの休日』の映画としてのメッセージは、政治的な裏面の問題をはるかに突き抜けて、貴種流離譚的な物語性に仮託しての「人間信頼の回復」である。

アービングについてもふれておこう。彼は何よりも友情に厚い。彼には悔いがない。友情万歳である。他方、ジョー記者の会見場からの退出のラストショットが、どちらかといえば暗い。ジョーの複雑な気持ちはわかるが、すっきりとはしていないとも理解できる。ヘプバーンの伝記本のひとつ『オードリー』（アレグザンダー・ウォーカー著　斎藤静代訳　アルファベータ　二〇〇三年）では「エンディングには理解を超えた孤独感が残った」とあり、文脈からはアンのことを思うとジョーにはまだ未練があるとも理解できるが、私には、この映画を撮り終える瞬間のワイラーの心情の反映したものかもしれないように思えたりもする。

いまハリウッドは密告社会である。いつ友人に裏切られるかしれない。あした仲間から排除されない保障はない。「非米活動委員会」に呼ばれた友人に、密告されたら、ほとんどストレートにブラックリスト入りという時代である。冤罪の危険もある。ヘタをすると自分が密告者になるかもしれない。誰もが疑心暗鬼である。人をみれば疑え。友と会ったら探りをいれよ。本心を明かすな。友情なんてものは、札束を目の前に積まれたらひとたまりもない。昨日の友は今日の敵、今日の味方は明日の敵である。身近なところで友人から密告されて自殺したり、離婚したりの例もある。失業中の友もいる。友を「売る」ことで自己嫌悪に陥った例など、どれだけでもある。

そんな裏切りと密告の時代、要するに人間不信が増幅されている時代に、カネをどれだけ積まれても友情にまさるものはない、人と人との暗黙の約束は千鈞の重みを持つ、……それが映画『ローマの休日』の、表面の、そして同時に裏のメッセージなのである。トランボは、裏切りと密告の時代に、人間信頼、人間万歳を、軽い喜劇に託して言い切った。この映画は色あせない。いや、むしろ時間の経過によって輝きを増している。底抜けの人間讃歌が、裏面の製作事情があきらかになるにつれ、ますます高い評価をえることになった。『ローマの休日』は、その秘められた真実のわかった今こそ、思いを新たにして見直してみる、そしてその楽しさと同時に、ワイラーやトランボの心意気を噛みしめて見るべき映画なのである。

日本で『ローマの休日』が公開された年に、『七人の侍』と『二十四の瞳』が封切られ、日本映画の宝として今も愛されているが、『ローマの休日』は、それに劣りはしない。六〇年以上も前の映画で『ローマの休日』より、名前が世界中に知れ渡っている映画がどれだけあるだろう。いまでは『風と共に去りぬ』(一九三九年)をも超えたといえよう。芸術的価値とかなんとか理屈をつけて、もっと深い映画もあるだろう。だが、『ローマの休日』が永遠の名画であることを疑うことはできない。白黒スタンダード映画の世界文化遺産的な宝物である。ワイラーは、自分がマッカーシズムの赤狩りに半分負けて落ちこんだ。『女相続人』『探偵物語』『黄昏』は秀作にはちがいないが、その暗さはぬぐいようがない。それら絶望的作品から一転、人間信頼の映画『ローマの休日』が生まれた。深い絶望を見た者だからこそ、未来を語ることができたのだともいえよう。

9　トランボのアメリカへの愛

多くの『ローマの休日』論やトランボ研究があるが、トランボを痛めつけるアメリカを、彼自身がどのように見ていたかについて、確認しておきたいことがある。

五一年早春の刑期終了、出所後も、徹底的にハリウッドは、トランボを痛めつけ、執筆のチャンスを与えなかった。だがトランボは一歩もひかずに闘う。トランボには面白いクセがあって、風呂にタイプライターを持ち込み、酒を飲み、タバコを吸って書く。友人でもあるカーク・ダグラスは、後にトランボを名誉回復させるために寄与するリベラル派の気骨ある俳優だが、彼によるとトランボは一日に六箱のタバコを吸うへビー・スモーカーだったとある。

映画『トランボ——ハリウッドに最も嫌われた男』には、風呂の中でシナリオを量産するトランボの姿がなんども出てくる。それを家族が心配している。そう、トランボを挫折させなかったのは、家族の力があったことも、この映画でよくわかる。トランボのことを描いたドキュメンタリー映像を見たことがある。夫を語る妻、父の想い出をかみしめる娘、その表情から、今は亡きダルトンとの関係のよさがよくわかった。彼女たちは貧乏になっても、夫を父を、いろいろな確執はあったようだが、愛し信頼しつづけた。トランボ夫人は、九三歳まで生きて、夫への絶対的な信頼を語りつづけた。

トランボは反米主義者ではなかった。非民主的なアメリカだから許せないのである。みんながしあわせになるという共産主義の原理を愛しているのであって、ニューディール時代の革新的雰囲気のなかで共産党を選んだが（彼は離党や再入党、再離党をくりかえしているようだ。その時々の共産党の政策への共感と不満が、そういうことをさせたと推察できるが）、革命を考えているのではない。アメリカが民主的な国になってほしいとひたすら思っている。コーニッグや、あるいは『怒りの葡萄』を撮ったときのジョン・フォードと同じ意味で「愛国者＝パトリオット」なのである。みんなが共に豊かで幸せであってほしいと願っている。要するにアメリカを愛している。しかも知性的であることを守り抜いてである。

『ローマの休日』には、アメリカとアメリカ人に肩入れするところが、それとなく出てくる。次のようなエピソードがある。アン王女が宿舎から逃げ出す前に、興奮状態になり、ドクターが精神安定剤の注射をうつ。この薬が宿舎を逃げ出してから効いてきて、もうろうとなり、遺跡フォノロマーノのベンチで眠ってしまいそうになる。そのとき、仲間とのカード遊びに負けたジョーが、一人住まいのアパートに帰るべく通りかかって、酔っ払ったような状態のアンを助ける。これが出会いの場面で、重要なところである。ジョーは自分のアパートにアン王女を連れてきて、王女とは知らずに泊めることになってしまう。

このシーンで、アンは半分くらい眠りながら、英詩の一部を朗読する。それをなんとなく聞いているジョー。その部分を、『cine script book ローマの休日』（一九九二年　マガジンハウス）から抄出する。


王女（朗読する）「〈アリシューザはアクロンシローの山々の、雪の長椅子から立ち上がらん〉。キーツ」

ジョー（彼女の寝床を整えながら）「シェリーだ」

王女「キーツだわ」

アンはもう一回、詩を暗唱して、やはり「キーツ」だと言い、ジョーは「シェリー」と訂正する。


小さなエピソードにすぎない。繰り返し『ローマの休日』をみていても気づいていないファンもいるだろう。ジョーとアンの詩人論争は、ジョーの勝ちであり、シェリーが正しい、とある。シェリーとキーツ。この二人はともに、一九世紀のイギリス・ロマン派の詩人である。パーシ・ビッシュ・シェリーは、「冬、来たりなば、春、遠からじ……」という彼の詩の一節が有名である。二人とも若くしてイタリアで死んだ。この二人の記念文学館が、スペイン階段から見えるところに今もある。

アン王女は、アメリカ人ではなく、ヨーロッパの王家の娘でハイレベルの教育を受けている。

一方、ペックの新聞記者はアメリカ人だが、このヤンキーは、実はインテリゲンチャなのである。アン王女よりも文学的知識において、この場合、上位である。アメリカ人であるダルトン・トランボは、アメリカに誇りをもっている。このエピソードの重要さを拙著で指摘したことがあるが、トランボはひそかにヨーロッパに対してアメリカを勝利させている。キーツにくらべてシェリーは、社会に反抗的で権威に立ち向かった人だとされるそうである。

トランボが、アメリカの、時の権力からやっつけられて喰うにも困っているけれども、ここでアメリカ人に軍配をあげたことは、彼自身、アメリカを愛していると言外に言っているのであろう。アメリカに民主主義的な国になってほしいから不当な権力と闘っている。それがトランボの本音である。それにしてもシナリオを量産しているトランボのなんと繊細なことか。いや、多くの人がシナリオに手をいれていると言われるから、この繊細な書き込みはトランボではなく、脚本共作者のイギリス人ジョン・ダイトンあたりであるかもしれないが。いや、マクレラン・ハンターもロンドン生まれの知識人である。

トランボは反米主義者ではないし、『ローマの休日』は、非米、ましてや反米映画とはほど遠い。どうしてトランボのような優れたライターがブラックリストに登載されなければならないのか。情けない時代のアメリカである。個人の才能を国家がつぶしている。自由の国アメリカではない。いずれの国にしろ、このような政治的恣意がまかりとおってはならない。トランボが、あるべき民主主義のアメリカに大きな期待と敬意をもってこの映画のシナリオを書いているのがわかる。

私は一九九一年に『ローマの休日―ワイラーとヘプバーン』を刊行している。一九八九年に原稿を書き始めた。執筆動機は、私の好きなワイラー『ローマの休日』のシナリオをトランボが書いたことを知って衝撃をうけたからである。たしかにトランボが『ローマの休日』を書いたということは、公然の秘密になっていた。が、それがいつ頃だったのか思い出せない。世界が本当に驚いたのは、一九九三年に、トランボ夫人がアカデミー賞を受賞してからである。奇しくもヘプバーン死去の年である。ビデオで見る『ローマの休日』にはトランボの名前は当然、クレジットされていない。

拙著『ローマの休日』論を読み返してみると、まだトランボが作者だと正式の認知がされていないのがわかる。私が参考にした一九七二年発行『キネマ旬報　世界の映画作家　カザン　ロージと赤狩り時代の作家たち』には、トランボのことはハリウッド・テンの闘士との記述があるだけである。赤狩り関連の大きな人物関連図表があるが、ワイラーとトランボとは、無関係とある。『ローマの休日』との関連は一行たりともない。

私の旧著から、もう二六年もたっているが、『ローマの休日』の「裏切りの時代の友情」を、私はワイラーに焦点をしぼって書いていて、トランボの心情にはほとんど触れていない。だが、『ローマの休日』がますます輝きを増すのは、映画そのものと、ワイラーの挫折を克服しようとする痛みと、匿名で書いた不屈のトランボの魂と、ワイラーやトランボを支えたアンチ・マッカーシズムの志を持った映画人ハンターやコーニッグたち、それらが絡んでの相乗作用があってのような気がする。ペックやアルバートの反「非米活動委員会」の姿勢も勘定にいれよう。ヘプバーンの戦時における反ファシズムの志をもというと、いささか度を超してしまう。

映画史家は、『ローマの休日』の受容史を書くことで、なぜ『ローマの休日』が今後も長く、生き延びるのかを考察しなければならない。私自身も、その読解が変化している。一九五四年に観たときはすぐれたラブストーリーだと思った。ヘプバーンに魅せられたのは、同時代を生きた人と同じ空気のなかにいて、まずは当然だったろう。中学校の庭球部で一緒だったガキの頃からの友人と見た。一九八〇年代の終わりには、トランボが書いたシナリオで、反戦映画の秀作『ジョニーは戦場へ行った』をつくった人だとわかって、この映画にはウラのいわゆるトゥルー・ストーリーがあったとの思いが加わって、鑑賞した。

そして今回、新世紀も二〇年近くが過ぎて、『ローマの休日』が、「マッカーシズム」の時代に、それに抗して生み出されたアメリカ映画史の記念碑的傑作であると理解して見直している。時代の移り変わりで、同じ映画がちがった様相を持つことはむろんあるが、『ローマの休日』のように、上品な変形シンデレラ的ラブコメディが燦然と輝きを増してくるのは希有だろう。生きているということ、映画を見続けるということ、映画史を再点検してみるということ等々、そして日日これらを新たにして人間は生きていく。

余分ながら『ローマの休日』の日本での公開について書き残しておきたい。一九五四年四月二七日から日比谷映画劇場にてロードショーである。料金二〇〇円。この映画は、長崎県佐世保富士映画劇場では四月二一日から先行公開されている。一般公開が地方都市であったことは、この映画がヒットするとは予想していなかったからだろう。入場数は「並」だったという。だが全国的大ヒットとなった。アメリカに遅れること八カ月であるが、日本では外国映画配給収入の最高記録である。二億八四〇四万円で、映画製作費の三分の一を稼いだとある。私が観たのは、地方の映画館であるが、五月二三日とのメモを私は残している。地方の中学生の入場料金はいくらだったのだろう。二〇〇円などは出せるはずがない。この年、豆腐一丁三〇〇グラム一五円とある。日本映画『七人の侍』は前日四月二六日の封切りである。こと日本映画に関しては、キネマ旬報ベストワンは『二十四の瞳』であり、黄金期、豊穣の時代である。アメリカ映画は、ワイラー作品を除くと、ベストテンに入っているのは、「友好的証人」エリア・カザンの『波止場』（四位）だけである。

第五章

ヘプバーン、そして
トランボの栄光

1　二一世紀の学生が観る『ローマの休日』

映画講座で大学生と多くの映画を見たことはすでに述べた。当然、『ローマの休日』も鑑賞している。九〇分の講義で一一八分の映画なのだから、感想を書く余裕がないが、出席カードの裏に、評価と短評を強要した。要領よく書きこんで、昼食のために視聴覚教室を飛び出していく。ある年、ある日の直感的評価であり、ひとくち感想である。

『ローマの休日』アンケート一三六人。（二〇〇七年七月五日『Ｌｉｍｅｌｉｇｈｔ』第一七五号）

大変よかった	八三％
よかった	一五％
普通	二％
よくなかった	〇％
まったくよくなかった	〇％

圧倒的な支持である。次にあげる感想でも、世代を超え、時代を超えて、愛されているのがわかる。学生たちにこんなにも高い評価を得た作品は、私の知る限りほかにはない。もっとも二〇一〇年以後のものについて、たとえば『君の名は。』（二〇一六年）ならどんな数字になるのかわからない。重複するが、チャップリン『独裁者』の評価表を再掲しておこう。あんなに素晴らしい

感想のわりに、総合的な評価になるとかなりの差がある。

大変よかった　五五%。　よかった　三四%。　普通　一一%。　よくなかった　〇%。

学生たちの感想の一部を紹介しよう。

＊アン王女が愛らしすぎて、身もだえしまくりました。こんな人と街を歩けるなんてジョーさん幸せすぎるっ。

＊お母さんが好きな映画で、私も見たことがあります。最後、二人が結ばれないところが、この映画のよいところだと思いました。

＊ほぼ全編通してコミカルな描写がとても楽しかったです。だからこそ、最後のシーンの切なさが大変心にしみました。

＊義務という顔でがんじがらめだったアン王女が、ローマでいろんな体験をしたあと、成長して帰っていく姿には感動しました。そしてかなわないとわかっているのにひかれあう二人にせつなくなってしまいます。

＊カメラマンが好きです。「どうしてこんな特ダネを！」って言いつつ、その理由を理解しているような苦しい表情にみえました。

＊記者会見が好きです。「ローマです」というセリフがどこか哀しそうで、それでもリンとした感じがして、ローマでの思い出を大切にしまっておくという意味に聞こえました。

＊最後の最後、ジョーがひとり残り、ゆっくりと歩き、振り向く。きっとマンガや安っぽいドラマなら、王女は戻ってくるのだろうが、戻ってこない。二度と会うことはない。なんてせつないのだろう。でも、だからこそ、名作として生き残っていくのだろうな。

＊この映画は大好きで何度も見たことがあるのですが、大きなスクリーン、大勢の観客など、こんな環境で見たのは初めてで新鮮でした。ギャグの部分がいつも以上に面白く見えました。映画館マジック。

学生の感想に、アン王女が「成長して帰って」とあるが、本作のもうひとつのポイントは、ワイラーがアンの成長を簡潔に描き切っていることである。ミルクを飲むのが日課であったアンが、帰館後には拒否することで、大人になったことがわかる。アンが侍従に言う次の言葉は重要である。「私は王家と国家に対する義務をまったく自覚していなければ、今晩戻りはしなかったでしょう。それどころか二度と戻りはしなかったでしょう。さあ今日はスケジュールがいっぱいつまっているのでしょうから、みなさんさがってよろしい。……ミルクとクラッカーはいりません」（『ｃｉｎｅ　ｓｃｒｉｐｔ　ｂｏｏｋローマの休日』）。ミルクを飲んでいた一昨夜の駄々っこ姫の面影はみじんもない。

深窓の高貴な王女が、名もなき市民の生活を垣間見て、淡い恋をし、強固な友情を知り、生きる力をもらったのである。変形貴種流離譚である。アンの毅然さのなかに、トランボとワイラー

はみずからの心情と決意を秘めているのかもしれない

2　数奇な生い立ち

ヘプバーンを語ろう。『ローマの休日』の政治的な裏話を中心に述べているのだから、ヘプバーンも、その文脈で考えてみる。ワイラーやトランボのこと、『ローマの休日』のマッカーシズム時代の歴史的意味のなかで、ヘプバーンは、突然に天から舞い降りた王女さまで、政治や裏話とは断絶している、というのでは味気ない。

オランダの小都市アルンヘムからロンドンにやってきたバレリーナ志望の娘は、とてもプリマになれる訓練ができていないと諭され、映画の世界へ迷い込んだ。ヘプバーンは、ヒトラーのファシズムと闘った少女時代の経験をもつ。オランダがヒトラーによって、一九三九年にたった一週間で占領された後、オードリーの母親エッラはレジスタンスに参加する。一〇歳だったオードリーは、わけのわからないままに母親の援助をすることになる。いま、「わけのわからないまま」と表現したが、そもそも母親のレジスタンス参加の理由が非政治的なものであったと推測されるからである。オランダの貧乏貴族の血をひくとされるが、イギリス人の銀行勤めの男と再婚してオードリーが生まれる。

オードリーには異母兄が二人いて、その一人は、戦後、オランダ資本のシェル石油日本支社勤務などをしているのが、たしか当時の「キネマ旬報」か「映画の友」（淀川長治編集長）誌に紹介されていたと思うが、そんな兄と再会するのは、ずっと後年になってからである。オードリーの父親は、浮気っぽく、政治的にはヒトラーに心酔していた。イギリスにはナチスを支持する勢力がいたことは前述した。英米ともにファシズムへの共感者はいたのが、これでもわかる。

その父親が他の女性に走る。激怒したエッラは、オードリーとオランダの田舎町のアルンヘム（Arnhem　英語発音だとアーネム。二一世紀になってからではあるが人口十数万人とある）に住むことになる。一九四四年九月の「二〇世紀の戦争で最大の空挺侵攻作戦＝マーケット＝ガーデン作戦」の戦場となったところである。『ヘプバーン伝』にも出てくる。

映画『遠すぎた橋』（監督リチャード・アッテンボロー、出演ロバート・レッドフォードほか、一九七七年）はまるまるアルンヘムの周辺が舞台の戦争映画大作である。街を囲むように流れるライン川支流の川にかかるいくつかの橋を連合国軍とドイツ軍のどちらが奪取するかで死闘をくりひろげる。この西部戦線の戦いは、ノルマンディ作戦などと並んで、ヨーロッパでは誰もが知る有名なものであるようだ。アルンヘムは、ゴッホの名画の宝庫である「クレラー・ミュラー美術館」が北西一〇キロくらいの所にあるので、そちらのほうが今では知られているだろう。アムステルダムから列車で一時間くらいのところだ。

オードリーは、子どもの時からバレリーナ志望であったことは述べた。かなりの実力をもっていたようだ。その証拠に、ヘプバーンの代表作にミュージカルの大作映画『マイ・フェア・レデ

ヘプバーン「マイフェアレディ」
（写真：川喜多記念映画文化財団）

ィ』（一九六四年）がある。力のこもったダンスはしないが、それでもオードリーは、せめてミュージカル映画に主演したかったのである。ブロードウエーの舞台で主演してロングランを続けていたジュリー・アンドリュースを押しのけ、映画版では、ヒロインを奪った。だが映画制作者は、ヘプバーンのほうがもうかると計算したのも事実である。他の主要メンバーは、ブロードウエーから引き継いだ。

だがヘプバーンは痛い目にあう。一九六四年度アカデミー賞は、『マイ・フェア・レディ』（一九六四年）が作品賞、監督賞、主演男優賞を獲得するが、本来ならヘプバーンが主演女優賞として最有力であるはずなのに、五人のノミネートにもはずされた。皮肉にも、主演女優賞に輝いたのは『メリー・ポピンズ』（一九六四年）に主演したジュリー・アンドリュースであった。彼女はブロードウエーで『マイ・フェアレディ』のヒロインのイライザ役を演じたのである。そのアンドリュースの役を「奪った」オードリーがリベンジされたのだとハリウッドではささやかれた。ヘプバーンには生涯の苦い勝利と手痛い敗北の体験であった。アンドリュースが世界的スターになるのは『サウンド・オブ・ミュージック』（一九六五年）である。…もうひとつ。ヘプバーンは『パリの恋人』（一九五七年）で、大御所フレッド・アステアと大きな踊りを披露しているのも記しておかねばなるまい。

アルンヘム時代に戻る。オードリーはレジスタンス運動にほとんどわけのわからないままで協

力する。バレリーナ志望だったから、そしてプリマドンナとしての素質を当時はもっていたようで、慈善のバレエの会をしてレジスタンスの資金集めをしている。会場の窓に黒幕を張って、そこで目立たないように踊ったとか。あるいはレジスタンス派の秘密文書を運ぶいわゆる「レポ」の役割をしたかもしれない。偶然というべきだろうが、『遠すぎた橋』のなかで、自転車に乗った少年がアルンヘム占領軍の兵士から「通行止めだ」と言われ、「友だちが僕の誕生会を開いてくれるんです」と懇願して、まんまと駐留部隊の横をすりぬけ、重要な情報をレジスタンス派の幹部に知らせるところがある。このシーンは、私の想像をかき立てた。あっ、ヘプバーンはこんなことをしていたにちがいない、と思った。美少女ヘプバーンには、映画の自転車の少年よりも、もっとこの役は適任であったと思う。田舎町のたたずまいも、だいたいはアルンヘムの街と似ているだろうと思うと、わたしはなぜか高揚した気分になった。そして激戦のなか、ヘプバーンはアルンヘムの街で、生命の危険を感じながら、じっと隠れていたのだ。

秘密活動が見つかったら殺されていたかもしれない。そう、オードリーの伯父だったかがレジスタンス運動のなかで銃殺されている事実もある。反ファシズムの気分はヘプバーンの生涯の基調だと考えるべきだろう。晩年のヘプバーンのユニセフなどでの活動は、この気分と無縁ではない。ともあれ、命を賭けての行動がオードリーにあったことを記憶にとどめよう。

ワイラー監督のもとで、彼女はプリンセス・アンを演じていた。トランボのことは知らなかったが、友情の大切さ、人間信頼こそというものの意味を理解していっただろう。戦争の惨禍ということも常に頭のなかにあったにちがいない。ヘプバーンは『ローマの休日』の周辺に緊張感がただようのを感じてはいたのではないか。ある意味で、ヘプバーンの、この映画への起用は運命的だったのだ。

3 アンネ・フランクとオードリー

ヘプバーンのことを思うとき、私は同時に『アンネの日記』を書いたユダヤ人女性アンネ・フランクが念頭に浮かぶ。一九三九年にナチスドイツがオランダに攻め込んできて、アンネ一家は、アムステルダムの運河脇ビル屋根裏に緊急避難し、そこを住居とする。ユダヤ人狩りをするナチスの目から逃れて隠れ住んでいたのだ。夜になると人のいなくなったビルに起床し、夜中にビルのなかで生活し、朝、商業ビルに人々がやってくると、家族みんながベッドに入った。それがアンネで、同じ時期、アムステルダムから東へ列車で一時間余のアルンヘムに住む同年齢の少女、それがオードリーだった。

アンネはオランダ生まれのユダヤ人。しかも生まれたのが同じ一九二九年。

オードリー・ヘプバーンは、　五月四日

アンネ・フランクは、　　　六月一二日

一か月余のちがいだけだ。チャップリンとヒトラーの四日ちがいの生誕が思い出される。チャ

アンネ・フランク（1929～1945）

ップリンがヒトラーの誕生日を意識したときに宿命を感じたように、オードリーも後年、同じオランダでつながるアンネに深い思いをはせることになる。

アンネは秘密の隠れ家が密告者によって見つかり、ユダヤ人であるというだけの理由でナチスの収容所に入れられる。はじめはアウシュビッツ・ビルケナウ、後でドイツ領ベルゲン・ベルゼン。ガス室に送られる前にチブスにかかって死んだとされる。殺されたのと同じで、一九四五年三月下旬と推定。オランダが連合軍によって解放されるのがアンネの死から一か月余の五月四日。その日は、ちょうどオードリー一六歳の誕生日であった。

戦争が激しくなってくると、オードリーも危険を感じて地下室に母親と隠れ住むが、レジスタンスの手助けはやめない。食べる物は夜中に仲間が持ってきてくれるのだが、次第に食糧難になる。そのあげくオランダ特産のチューリップの苦《にが》い球根を食べて生き延びた。オードリーはやせ細る。女優のヘプバーンがやせているのは誰もが知るところである。一七〇センチ以上の身長だったから目立つ。それがまたみごとに均整がとれてもいる。終生痩せていたのは地下生活の時の食べ物不足が原因のトラウマから生涯抜け出すことができなかったからだともいわれている。オードリーが摂食障害だったとされることについては異論もあるようだ。

ヘプバーンが、生涯、チェーンスモーカーから抜け出せなかったことも、レジスタンスに参加して極度の緊張を強いられたこととつながっているのではと勝手に想像してしまう。不安のなかで少女オードリーはたばこを手にしたのかもしれない。スターになってから、どれだけチョコレートやビフテキを食べても太ることができなかった。六三歳の短命で、消化器系の癌であったことと関係するのでは、つまり戦争が遠因なのではないかと私は思っている。

アンネが仮にもう三か月生き延びて、戦争が終わっての一六歳誕生日を迎えていれば、いや四〇日くらいがんばって、祖国の解放を迎えられたなら、この天才的文学少女は、戦後の世界文学界で超有名人になったかもしれない。オランダには、レンブラントやフェルメール、ゴッホなどの画家がいる。私の好きな肖像画家フランス・ハルスも、この国のハーレムが生んだ天才だ。オランダは数々の画家を輩出しているのに、文学者は育たなかった。オランダ文学の最高峰に位置するのは、ゴッホの書簡と『アンネの日記』である、と誰かが書いているのを読んだ記憶がある。

オードリーがスターになってから、『アンネの日記』を映画化する時に、オードリーにアンネ役のオファーがあった。オランダに縁が深く、アンネを演じてほしいということで、映画会社も、生き残ったアンネの父オットー・フランクも、ヘプバーンのところに足を運んだ。だがアンネ役を断る。私はアンネだけは演じることができません。私自身がアンネでもあるからですというのが理由だった。アンネが生き残れば、戦後天才的文筆家として世界でアイドルになったかもしれない。逆にオードリーが抵抗運動のなかで摘発され捕らえられて銃殺されていたら、世界の大スター、ヘプバーンはうまれなかった。二人の明暗は、紙一重である。あなたが私、私があなた。アンネの無念さを思うとオードリーはアンネ役を演じることができなかった。アンネに関心がなかったわけでも、世界史の悲劇をうけとめる感性を持っていなかったのでもない。むしろ、ありすぎたのである。オードリーが『ローマの休日』のヒロインを演じたことについては、後述することともかかわるが、ある意味、宿命的なことだったのではないかとさえ思うことがある。

映画『アンネの日記』は、ミリー・パーキンスがアンネを演じ、ジョージ・スティヴンス監督で実現した。実は、映画化の話の前に、ウィリアム・ワイラーが、ブロードウエーの舞台演出をするという話もあったが、成立しなかったという。

4　ふたつの手

ヘプバーンは晩年、ユニセフの奉仕活動で世界を飛び回る。日本にも親善大使として募金活動に来ている。すぐさま発展途上国へ飛んだ。『尼僧物語』で彼女自身、コンゴのロケをした懐かしい土地で、子どもたちにユニセフからと言って、医薬品や食物を与えた。痩せ細った黒人を抱いている写真が流布している。気品のある美しさだが、まだ五〇代だというのに、その衰えは隠しがたいという印象を払拭できない。

『尼僧物語』は、フレッド・ジンネマンがオードリー主演で監督した、多分『ローマの休日』に次ぐヘプバーン映画の秀作である。この映画のことにふれておこう。

あらすじ――ベルギー人看護師ガブリエルが修道院に入りシスター・ルーク（ヘプバーン）となって神に仕える。経験を生かして看護の奉仕活動に従事し、念願のコンゴにも派遣され献身する。医師フォルチュナティに人間的魅力を感じるが信仰は揺るがなかった。しかし第二次世界大戦が勃発して祖国がナチス・ドイツに蹂躙されたとき、戦争に対して無力な神に、はじめて疑問を抱く。彼女は反ナチスの地下組織の看護師を志願して修道院を去っていく。シスター・ルークは今またガブリエルとなって新しい生を歩みはじめるのだった（拙著『誰も書かなかったオードリー』講談社、二〇〇一年）。

ラストの「新しい生活を歩み」はじめるシーンのヘプバーンの決意の表現は、マッカーシズムに反対したジンネマンと、オランダでレジスタンスにかかわったヘプバーンとのコンビによってでしか表現できないもののように感じられる。長く忘れられないものとなったが、宗教の限界性と欺瞞性を指摘している硬派的背景があるので、教会や尼僧院での撮影は断られたという。荘厳な雰囲気を出しているセットがすばらしい。余分ながら、そのデザイナーを務めたのはアレキサンドル・トローネルであることを書き留めておこう。第二章で記述の『天井桟敷の人々』をはじめとして、『北ホテル』（一九三八年）の運河、『アパートの鍵貸します』（一九六〇年）の無数に並ぶコンピューター室を作って映画史に名を残す。

オードリーの腸癌がわかったのはソマリアにいるときだった。ユニセフ職員が早くスイスの自宅に戻り、精密検査を受けるのをすすめたが、目の前で餓死しようとしている子どもがいるのに、私が大病院で悠々と検査をうけることはできない、許されないと言ったという。結局はロサンゼルスで手術をうけるが、もう手遅れである。

オードリーは、晩年、「人間には二つの手がある。ひとつは自分の幸福を求め、もうひとつは人々の幸福のために使うべきだ」と言ったという。こんなオードリーの生涯を考えると、『ローマの休日』撮影時、ハリウッドの政治状況はわかってなかったろうが、スタッフの雰囲気のなかに、ハリウッドの状況や朝鮮戦争のことが話題になり、そこから何かを感じとる力をもっていたと考えても不自然ではない。

ヘプバーンが『ローマの休日』のヒロインを獲得することになったフィルム・オーディションのなかで、彼女は自己紹介的に次のようなことを喋っているのが残っている。「第二次大戦中、バレエの公演をして踊りました。私なりに何らかの形で貢献したかったからです。集まったお金は、レジスタンス運動に寄附しました」。オーディションで、こんな「秘密」を語るものなのだろうか。この言葉はワイラーがヘプバーンを採用するプラス材料になったことは確かだろう。ワイラー自身が驚いたにちがいない。『ローマの休日』が、偶然をも含めて、運命的な糸でつながっているような気がしてならない。

前述の映画『トランボ』のなかで、グレゴリー・ペックの声がラジオから流れてくる短いシーンがあった。「私はグレゴリー・ペックです。反共ヒステリーが国民の自由を脅かしています。

弾圧による悲劇です」と字幕に出た。そんな放送はワイラーもしているが、あるいはヘプバーンは噂で聞き知っていたかもしれない。これまた運命的な糸でむすばれていたように思えたりする。

もうひとつオードリーのエピソードの紹介。一九六三年一一月二二日、ジョン・F・ケネディが、テキサス州ダラスで凶弾に倒れる。その時オードリーは、ワーナー撮影所で、念願かなっての『マイ・フェア・レディ』の撮影中だった。六〇〇人が撮影に参加していたとき、ケネディの訃報が届いた。仕事中の映画関係者はあまりの重大さにショックを受け、身体が動かなくなり、どうしてよいか呆然としていた。その時、オードリーが衣装のまま携帯マイクをもって壇上にあがり、全員に黙禱を呼びかけた。むろん、人々はそれに従ってケネディの冥福を祈り、テロの不当に憤った。

本来なら壇上にあがるのは制作者とか監督とかであろう。だが大統領暗殺という社会的大凶事に対して、ヘプバーンはある種の本能的敏感さをもっていたのだろう。それは一〇代のときのレジスタンスの記憶であり、アンネの不幸をつくりだした戦争や人種差別への怒りの感情である。『尼僧物語』におけるガブリエルの決意への共感ともつながる。ヘプバーンは、そのような社会的関心と、人間的知性と感性をもった女性なのである。余分ながら、ケネディはヘプバーンのファンだったという。もちろんマリリン・モンローとのスキャンダラスなものとは無縁である。

5 カーク・ダグラスとトランボ

私自身の映画鑑賞遍歴になるが、中学三年生になって最初に見た映画はビリー・ワイルダー監督『第十七捕虜収容所』(一九五三年)である。一九五四年四月一七日という記録まで残している。『ローマの休日』初見の少し前である。映画少年としての目覚めの時期でもある。主演のウィリアム・ホールデンにすっかり入れあげた記憶がある。第二次大戦中のドイツ捕虜収容所からの脱走物である。

この映画で、ドイツの収容所長になるのがオットー・プレミンジャー。若い時に俳優修業をしたことのある映画監督。彼が憎々しげな収容所所長のドイツ高級将校役を、なんとも楽しげに演じていたのが強く印象に残った。このプレミンジャーは、『黄金の腕』(一九五五年)で、フランク・シナトラに麻薬中毒患者の禁断症状の迫真演技をつけたことで忘れがたい映画監督でもある。ワイルダーと同じくオーストリア生まれであるが、ナチスヒトラーの台頭をきらってアメリカに渡り、少し変わった切り口をもつ気骨ある社会派監督になった。ユダヤ人である。ユダヤ人がドイツ将校を好演するとは。

ついでながらワイラーもユダヤ系であり、アルザス・ロレーヌ地方のドイツ生まれだが、ヴァイオリニストとして挫折し、若くして親戚筋映画人を頼って渡米したのである。スキー、水上スキーに堪能なスポーツマンでもあった。この節の中心となるカーク・ダグラスもユダヤ系である。ハリウッドの映画人にはユダヤ系が多い。世界映画史のなかでユダヤ系映画人は偉大な足跡を遺しており、それは現代にも続いている。マッカーシズムは、ハリウッド映画界にユダヤ系が多いことから、その人々を標的にした一面もあると、前述NHKの赤狩りドキュメントで藤原帰一教授が指摘していたことも、説得的だったとの感想を含めて書き留めておこう。

ちなみに、ワイラーの代表作『我等の生涯の最良の年』などの大プロデューサーであるサムエル・ゴールドウィンの伝記『虹を掴んだ男』（A・スコット・バーグ著　吉田利子訳　文藝春秋　一九九〇年）には、「非米活動委員会がユダヤ人を目標としていたことはまちがいないと思う」との記述があり、「召喚されたハリウッド人」の多くが「左翼的な傾向で知られるユダヤ人である」と、少し大袈裟だとは思うが、書かれた部分がある。

前置きが長くなったが、オットー・プレミンジャーが、カーク・ダグラスと並んで、ダルトン・トランボを復権させた人として、赤狩りと闘った人の列伝に残る。『栄光への脱出』は、トランボがシナリオを書いてプレミンジャーが監督した。トランボが、実名を出して再びハリウッドに戻ってくるのが、『スパルタカス』と『栄光への脱出』であり、ともに一九六〇年の作品である。

カーク・ダグラスの自伝を読んでいると少し時間的なもつれがあるのだが、ユダヤ系の二人が

カーク・ダグラス『スパルタカス』脚本トランボ
（写真：川喜多記念映画文化財団）

そろって、トランボを同じ年に、ハリウッドに復帰させているのがわかる。トランボはブラックリストに載っているから大手撮影所にはシャットアウトされていた。だが、ダグラスが、通行証を入手し、トランボとして堂々と『スパルタカス』を撮影しているユニバーサル映画スタジオに入場させる。たぶん一〇年以上、トランボは閉め出されていたはずである。ダグラスの動きを知ったプレミンジャーは、遅れをとってはいけないと、トランボのシナリオで『栄光への脱出』をいま撮影中なのだ、と記者会見した。この二つを合わせて、どこからも抗議が来ないことで、トランボはハリウッドの古巣に正式に戻ることができた。ダグラスとプレミンジャーが競合する形となり、それは一プラス一を合わせたよりも大きな相乗効果をもたらし、強力な赤狩り犠牲者復権の流れを作りだした。二人が合体しての反「非米活動委員会」活動は、評価しなおすべきである。

このとき、すでにマッカーシーは亡くなっているが、二人は、アメリカ映画史、あるいはこの国の民主主義をひとつ切り開いたのである。もちろんアメリカの世論が、なんとも陰湿なレッドパージや暗いイメージのブラックリストを忌まわしいものに思い始めたこともバックにあるのを忘れてはならない。ハリウッドの映画人の闘いと、アメリカ民主主義の伝統とが補い合いながら、少しずつ異常な民主主義狩りは収まっていく。民主主義は、多様な価値観を共存させることが大事だということをアメリカ人はいずれの国の人々よりもよく知っている世界史上では新しい超大国なのである。王国でも独裁国でもなく、選挙で選んだ大統領をもつ、当時まだ建国二〇〇年にもならない新興国であり、イギリスから独立を勝ちとって台頭してきた「合衆」国家である。要するに民主主義をもっとも大事な価値観として国づくりをしてきたのだ。マッカーシズムのような多様性を排除する価値観を拒否しつつ発展してきた国である。

『スパルタカス』はケネディ大統領が見ている。ケネディが大統領選で、ニクソンに接戦で勝ったのが一九六〇年の一一月。そのケネディが、封切られた一般公開の映画館に飛び込んで鑑賞した。「すばらしい映画だ」と記者達に語り、それが瞬く間に全米に伝わり、ヒットの原因にもなった。民主派といわれた大統領が太鼓判を押したのである。期せずしてのことなのか、「赤狩り」が、アメリカ民主主義にとってマイナスだという意識が、ケネディにあっての政治的ショーだったのか。そんなことまで想像させてくれるのである。

6　赤狩りと対決する『真実の瞬間《とき》』

ハリウッドの赤狩りが、トランボの復権によって完全に収束したと考えるのは早合点である。それは、赤狩りが猛威を振るった実情を、ハリウッドは、みずからで総括することがなかなかできなかったことからも察することができる。傷は深かった。

一九七三年のシドニー・ポラック『追憶』は、その題名からも推測できるように、バーブラ・ストライサンドとロバート・レッドフォードの情緒的なラブロマンスの体裁をとりながら、その

ロバート・デ・ニーロ『真実の瞬間』（写真：川喜多記念映画文化財団）

バックに、一九四〇年代から五〇年代にかけてのアメリカの政治史を、アンチ「赤狩り」に立脚して描いた「硬派」の佳品である。だが、われわれが赤狩りの全体像を映画で総括的に、被害者なりハリウッド映画人の内面にまで入り込んで、丁寧に描いたものをみることができたのは一九九一年の『真実の瞬間《とき》』あたりが最初であろう。

　ブラックリストに載せられた架空の人物であるハリウッドの映画監督とその妻の受難劇と抵抗の物語である。あらすじを「キネマ旬報」（№.1068）から引用する。

「一九五一年九月、二〇世紀フォックス代表ザナックに呼ばれて撮影中のフランスから帰国した売れっ子監督デヴィッド・メリル（デ・ニーロ）は、ハリウッドがかってない恐怖に包まれていることを初めて知った。折しも、全米の共産主義者の取締まりを目的とした〈非米活動委員会〉の赤狩りの魔の手が、当時絶頂期を迎えていた夢の工場にまで及んだのだった。次々と激しい尋問に召喚され、身代りに友人を売ることを余儀なくされる映画人たち。でっち上げ同然のブラックリストの中に、デヴィッドの名前もすでに登録済みだった。これまで映画一筋に家庭を顧みることもなかったトップクラスの監督が、突然仕事を襲われ、映画人生命と友情との間に心を引き裂かれることになったのだ」。

アーウィン・ウィンクラーは、本作が監督第一作で、『ロッキー』シリーズで世界的に名を馳せた製作者である。映画界には大きな位置がある。学生運動をみずみずしく描いた『いちご白書』（一九七〇年）があるが、『ロッキー』シリーズのうち第四作『炎の友情』（一九八五年）は、米ソの反目を徹底した反共の視点で描いたものであるから、社会的、政治的には見当のつきかねる製作者が演出にのりだしたのである。

上島春彦によると、『真実の瞬間』は、ブラックリストにのったエイブラハム・ポロンスキーが元は書き上げたシナリオであるようだが、ウィンクラーが、「非米活動委員会」の聴聞会の模様をリアルに再現することを避けようとしたため、ポロンスキーは、自分には納得できないからと、シナリオから降りてクレジットすることを拒否したのだと書いている。

だが『真実の瞬間』は、いま見る形のものを私は高く評価したい。ポロンスキーが書いた部分も生きているはずで、赤狩り被害者の実感がこもっているとしても不思議ではない。どれだけ甘いものになったのかはわからないが、ハリウッドの赤狩りがこんな形で、映画人の生活と心をずたずたにしたのだとよくわかる。さらに、熾烈な尋問官とのやりとりで、ぎりぎりの形で「非米活動委員会」の非人間性を浮き彫りにする。民主主義をまるで理解しないアメリカの支配層の様子を描きあげた点を高く評価したい。

すでに映画人が無理無体に尋問された様子は、具体的なセリフも入れていくつか挙げた。少数が毅然と闘い（トランボたち）、あとは挫折し沈黙したり（ボガートたち）、逃亡したり（ヒューストン）、内心の自由だけは守りつつも忸怩たる思いで映画界に戻って再起したり（ワイラー）、…謎の死をとげた進歩的映画人（ジョン・ガーフィルド）もいる。ここでは映画のなかでくりかえされる「非米活動委員会」の聴聞会での「尋問」のいくつかを抄録しておこう（「シネ・フロント」№180と「WOWOW」画面より）。まず、主人公のデ・ニーロ扮する監督の部分である。監督「監」と尋問側委員「委」とのやりとりで、一九五二年二月としてある。多分、チャップリンが『ライムライト』の撮影中か、それを終わった頃という時期設定である。第二回の「非米活動委員会」の聴聞会の期間に該当する。

委「あなたは党員かね」

監「いいえ」

委「一九三九年、党の集会に参加したことは」

監「合法的な党の集会に、新しい思想を話し合うと聞いて、数回出席しました」
委「誰の家でか？」（名前を挙げよという質問である）
監「自分に関すること以外は、答えを拒否します」
委（写真を見せて）「この会議は原爆を武器として使うことに反対を表明した会だね」
監「原爆の無条件廃止運動です」
委「原爆廃止をとなえている連中は、ソ連が原爆をつくるまでの時間稼ぎをして、ソ連の原爆完成を待っているんだ。君は共産党の破壊工作員だったのでは？」
監「私は、集会の自由を保障された米国民でした」
委「その時、米国市民として出会った相手は？」
監「自分のことは何でも答えますが、他人のことは答えを拒否します」
委「メリル君、答えなければ議会侮辱罪で送検するがいいかね」

党員だと答えても、党員でないと主張しても、議会の尋問官にとっては同じである。密告をさせて、人の名前を増やしていけば、それが「成果」である。最後には、共産主義者とは無関係のパーティまで、党の集会にして、そこに集まっていた人々の名前をあげることでやっと「放免」され、「友好的証人」として、映画界に戻ることができる。党員であろうがなかろうが関係がない。権力に盾突く者は十把一絡げなのである。いや、共産党だけを徹底的にしめつければ、民主的な主権者は共産主義には恐怖を感じているはずだから近づかない、そして民主的な運動などは、そこには発生しえない、と支配層は考えているようである。主権者をそれほど侮蔑的にみている。

7　憲法を教える教員は非国民か

尋問は次なる質問に入っていく。思わぬところに話が飛ぶ。監督の妻の小学校教員ルース（アネット・ベニング）についてとなる。

委「ルース・メリルは共産党に入党していたことは？（写真を見せながら）この原爆反対のデモ写真に写っている。政府への反対の公然たるデモだ。そういう女性が恐るべきことに小学校の教師だ」

監「子どもにも政治を語る権利はある」

委「相手は感じやすい子どもだ。こういう教師を教壇に立たせぬよう、教師に忠誠の誓いを義務づける法案を当委員会は議会に提案する」

監「原爆反対が悪いのか。彼女は非国民なのか、憲法の教えを説くことが？」

委「ルース・メリルは党員なのかどうかを答えよ」

監「ノーだ、絶対にノーだ」
委「答えを拒否する君の態度をみれば明らかだ。君はいまでもこの偉大な国を脅かす共産党員だ。議会侮辱罪で罰金刑に処してやる」
監「私はこの国の最良の市民ではないかもしれない。しかし、私は自分の信念のために立ちあがり、それを貫く人間だ。それがほんとうのアメリカ人だ。そうでなければ、この国は滅びる」

「赤狩り」にことよせて、「原爆反対」の運動をも共産党の煽動でやらされているような世論操作が行われている。字だけで読んでいると、非現実的で、まるで漫才のツッコミとボケのマンガチックなやりとりなのだが、映画はラストに向かうシリアスなシーンである。身の毛がよだつほど、反民主主義的尋問である。尋問側は、共産党系とリベラル派とを分断するのが政治的目標のひとつである。マッカーシズムを貫く超保守支配層の大原則は、実にここにあったのだろう。尋問される側は、自分の明日からの生活が成り立たなくなるかもしれないとの恐怖を感じて、押し切られてしまうケースが多い。これが民主主義の先進国アメリカのひとつの姿なのだ。

反核運動も禁止し、民主主義を圧殺することを、支配階級は必死になって遂行する。そんな時代があった。後遺症もふくめて長期間続いたのである。笑いごとではすまない。

映画『真実の瞬間』は、さらに「非米活動委員会」の非民主的な攻撃を主人公の親友がはねのけるシーンに移っていく。例の「君は、いま、あるいは過去に共産党員だったことがありますか」が質問される。それに対する答え。「委員長、処罰を覚悟で、私はその質問に対する答えを拒否します。第一、われわれには憲法で保障された言論の自由があります。憲法はまた集会の自由も認めています。私はアメリカ市民として、憲法によって保障された権利を主張します」

こんな反民主的な状況が押し寄せてきているのに、一般市民は立ち上がらない。この映画からは、職場や組合や街頭で、人々が、憲法や思想や言論の自由を守るために奮闘する姿は見えてこない。混沌とした議場の様子を映しながら映画は終わる。映画的余韻にはちがいない。本当は、ここでのメリル監督やその友人が個人的闘いをやりぬくためには、市民的な、あるいは民衆的な後ろ盾がなければならない。あまりにもひどい反民主主義には、それに対抗する闘いが生まれるはずである。

そういう力があったからこそ、ベトナム反戦運動などが、草の根からわき起こるようにしてアメリカの政治を変え、戦争を終結させることができた。映画がそういうところを描いていないのは弱い。だが、「赤狩り」の本質が実は「民主主義狩り」であったというのは、映画『真実の瞬間』を観ていてもはっきりとわかる。そう、それがこの映画のコア（中核）なのだ。そういう意味では『真実の瞬間』は、赤狩りとは何であったか、そこから何を学ぶかを教えてくれるという意味ですぐれた教科書的作品である。

二〇一六年アメリカの民主党大統領指名候補選出で、バーニー・サンダースが、みずからを民主社会主義者と宣言して、ヒラリー・クリントンと闘い、一三一〇万票で四三％を超える支持を得たことは特筆すべきだろう。本選挙の結果が、この流れとは逆の、思わぬ結果になったとはいえ、草の根民主主義が生きているのを実感させてくれた、いや、確実に育ってきている。このような力が、マッカーシズムのような、ある種のファシズムを断ち切っていく力に育っていくのはまちがいない。

だがしかし。世界のいずれの国も、ポピュリズムとか新自由主義などと表看板だけを変えて、ネオ・ファシズムともいえるものが台頭してくるのが現代である。ＫＫＫ（クー・クラックス・クラン）というような歴史の遺物が、今も生きているばかりか、息を吹き返してきている。テロリズム根絶を言いつつ、テロの温床となる排他主義を温存させる政治的な力が働いている。

8　ファンタジーによる批判『マジェスティック』

最近、「私が選んだ外国映画歴代ベスト３」という小雑誌（「シネマ游人」第２号　二〇一六年）の企画があって、私は時代順に『天井桟敷の人々』（一九四五年）、『ローマの休日』、『ショーシャンクの空に』（一九九四年）とした。究極の娯楽作品が、最高の芸術に昇華するという黒澤明の信条に私の規準はある。『ショーシャンクの空に』は、いわゆる刑務所もので、無実を訴えつつ、二七年かけて脱獄に成功する男の物語である。脱獄に成功したラストの爽快感を、主人公と共有できて、観ている私までを解放感で満たしてくれる。

作中、あまりにも長く服役したために、刑務所こそわが住み処《か》と思うようになってしまい、刑期を終えるのが怖くなる男のエピソードがある。この老人が刑務所を出て「自由」になったとき、もはや娑婆《しゃば》で生きる適応力をなくしていて、ついに自死してしまう。与えられた自由や幸福は本物ではない。自由や権利は、みずからの、あるいは家族や仲間とともに勝ちとり、それを意志的意識的に守ってこそ、本物になるのである。

『ショーシャンクの空に』は、フランク・ダラボンのデビュー作であるが、この寡作監督の第三作が『マジェスティック』である。作品の三分の一が「赤狩り」関連である。赤狩りを正面から描いたものとしては、一九七六年『ウディ・アレンのザ・フロント』、一九九一年『真実の瞬間』、二〇〇一年『マジェスティック』、二〇〇五年『グッドナイト&グッドラック』ということになろうか。私の持っているＤＶＤ（発売元・ワーナー・ホームビデオ）のパックの「ＳＴＯＲＹ」は、次のとおり。「ある町の海岸にひとりの男（ジム・キャリー）が打ち上げられる。その姿を見て、驚き、驚喜する人々。〈戦死したと思っていたルークが帰還した！〉。かれの年老いた父（マーティン・ランドー）や恋人のアデルは喜びに涙する。しかし、男には自分が誰なのか分からなかった。記憶のないままに、ルークとして生きる道を歩み始めた男は、父ハリーの経営する古い映画館マジェスティックの再建に乗り出す。このことで町全体も戦前の輝きを取り戻していくが、彼の正体を知る男が現れて事態は急変する」。これだけである。イタリアの『ニュー・シネマ・パラダイス』（一九八九年）の趣きである。DVD発売にあたって「赤狩り」などという言葉を避けたかったのだろうか。たとえあらすじでも、「赤狩り」関連部分を避けて、この映画は成立しないのだが。

一九五一年が物語の設定年代で、「非米活動委員会」が第二回の聴聞会をする時期である。ハリウッド大手会社所属の二流シナリオライターのピーター（ジム・キャリー）は、次回作からは、大作映画のシナリオを書かせてもらえそうなので、まずは張りきっている。だが、ある日、撮影所に出勤すると、上役から呼び出されて、突然、とんでもない質問をされる。「君は共産党員なのか？」と。大体の画面の会話を追ってみよう。ジム・キャリーを「ピ」、会社の上役を「会」としよう。上役ふたりに囲まれてのやりとりである。

会「大学時代に集会に参加したか？」
ピ「（第二次大戦の）戦災地救済部に所属してたから」
会「その部がアカだったのだ」
ピ「まだガキだったから、集会の話なんか聞いていなかった。気になる女の子がいたから参加したんだよ」

会「共産党の集会に参加したら党員なんだ」
ピ「ぼくはノンポリだ。共和党も、民主党も、共産党も関係ないのに、ぼくはブラックリストに載っているのかい」
会「載ってしまうと困るから、会社は君との再契約を無期延期にするよ。尋問会で証言するんだろ（証言してシロだったらまた撮影所に戻って来ることができる）」
ピ「証言、するよ」
会「証言台に立つと、仲間の名前をいわなければならないんだぞ」
ピ「ぼくは脚本家だから、でまかせ言ってやるさ。とにかく、今度の作品はぼくの一生がかかっていて、重要なんだ。自分を守るためならなんでもするさ」

ピーターはやけ酒を飲んで自動車に乗り、川に自動車ごと落ちてしまう。そして前述「STORY」にある「ある町の海岸にひとりの男が打ち上げられる」となり、記憶喪失者となって、ルークになりかわる。やがて記憶を取り戻したルーク＝ピーターは「非米活動委員会」に呼ばれ尋問される。はじめは「反省書」を読みあげ、仲間の名前も「どうせ誰かが売った名だから」適当に吐き出し、友好的証人としてハリウッドに復帰をするという計算である。だが、恋人アデルから手渡された「アメリカ憲法書」を読んで、尋問台に立ったとき、キャリーは、「友好的証人」になるための「反省文」とは逆の気持を、とつとつと語りだす。

「この国は、こんな小さな国ではない。あなたがたが示すアメリカは冷酷で度量が狭い。アメリカはもっと大きな国だ。豊かな国土と自然をもつ。心が広くて、誰もが自由に意見を言うことができるはずです…」。尋問官の怒りと、そして聴衆の怒号が少し小さくなっていくなかで、意を決して恋人からもらった「憲法書」をとりだし、訥々と読みあげる。それが「憲法修正第一条」である。「……〈アメリカの議会は、言論、報道、出版の自由を制限する法律をつくってはいけない〉。この条文は、アメリカの基本理念なのです。すべてのアメリカ国民が国と交わしたもっとも重要な契約です。この契約だけは絶対に変更してはならないのです」

そして尋問官の制止をきかず、ピーターは会場の出口に向かって歩き出す。それまでざわざわしていた聴衆が拍手をはじめ、やがて会場を揺るがす大きな声援の声にふくれあがっていく。「非米活動委員会」の敗北である。だがピーターには議会侮辱罪での刑務所入りが待っている。他方、議会側は、計算が裏目に出て筋書きを変えられてしまい大慌てである。彼らが、ピーターを下獄させると逆にピーターを英雄にさせてしまうと判断する。これでは逆効果、ピーターを殉教者にしてしまっては権力側としては困る。弁護士を通じて、ピーターへ「無罪放免」が伝達されてくる。ピーターを密告したのは、大学時代の「気になる女の子」だったというオチがつく。

ピーターは、恋人アデルたちがいる「ある町」に戻っていく。駅前をうずめた全町民。ピーターは、映画館「マジェスティック」を、町の人たち交流の場としようと決心する。今日もまた町の人々は映画館へ元気をもらおうとやってくる。

『ウディ・アレンのザ・フロント』以来の繰り返しの「非米活動委員会」の問答である。だが、大きくちがうのは、この問答を受けとめる傍観者の反応である。『ザ・フロント』では、尋問はかろうじてのりこえたが、やがて彼は自殺する。『真実の瞬間』では、非人道的な拷問的尋問には屈することはなかったが、会場にいる聴衆は無言であった。「一般市民は立ち上がらない」と前述した。敵ではなくても、少なくとも味方ではなかった。だが、『マジェスティック』ではピーターへの支援歓声に、まずあわてるのが尋問官である。逮捕監禁の権利をもっていても、それを行使できなくなってしまう。被告席のピーターを「英雄」にしてはいけないのだ。「魔女裁判」で「処刑」しようというもくろみが、逆に「魔女」を「殉教者」＝英雄にしてしまう。それはどうしても避けねばならぬ。妥協案が「無罪放免」だった。それは赤狩り的政策がもはや限界にきており、支配層にとっても重荷になってきているのを意味しよう。

ヒューマニストとして懐の深い、そして本当の自由とは何であるかを知っている『ショーシャンクの空に』を作り出したフランク・ダラボンは、赤狩りをある種のファンタジーとして、少し斜めに、しかしアメリカは、憲法のもとに力を合わせていかねばならないということを宣言している。この映画はヒットしなかった。同じ二時間半を超える大作だが、『ショーシャンクの空に』は、時間のたつのを忘れて映像に酔えるが、『マジェスティック』は、ドラマが二つに割れてもたつく。この作品をマッカーシズム下のハリウッドの苦悩を描いたものであることを知らない人もいるだろう。最後に、この映画でルークの父親で「マジェスティック」映画館館主を演じた俳優のマーティン・ランドー本人が、雑誌のインタビューで語っているものを紹介して、この節を閉じる。第二次大戦を知っている彼と彼らの世代のなかには、アメリカの突然の反ソ反共への転換が腑に落ちなかった者がいたということがわかる。それにこだわった人たちのなかから、反戦運動家やコミュニストが生まれたのかもしれない。

「第二次大戦の最中、僕はまだ子どもだったけど、よく覚えてるのは、ソ連は同じ連合軍だったこと。しょっ中、学校に小さな缶を持った人たちがやって来て、その缶には〈ロシアの戦争への募金〉と書いてあるんだ。雪の中にいるロシアの子どもの絵も描いてあって、それがとても寒そうなんだよ。だから、みんな5セント硬貨とかをその缶に入れて……なのに、戦争が終わったら、突然、冷戦だろう。共産主義が机の下にいるから、何も喋らない方がいい、ってことになって（笑い）、こっちにしてみりゃ〈ちょっと待ってくれよ〉という感じさ。〈この国では、人々は何を考えても良かったんじゃなかったっけ？〉ってね」（「キネマ旬報」№１３５８）

9 『ジョニーは戦場にいった』（監督Ｄ・トランボ）

トランボに戻る。オットー・プレミンジャーの『栄光への脱出』は、シナリオを手がけたトランボの名誉を回復するために大きな役割を果たした。だが映画は秀作ではないし、シナリオもとりわけてのものとは思えない。イスラエルの建国を描いており、広辞苑では「イスラエル」を、「パレスチナに流入したユダヤ人が一九四八年イギリスの委任統治終了とともに建国した共和国。この国家の存在とパレスチナ国家建設の可否が、中東紛争の中で焦点となってきた」と記述している。見巧者双葉十三郎の映画評（『ぼくの採点表Ⅱ』トパーズプレス　一九八八年）を引用しておこう。「キプロス島に拘留されていたユダヤ人たちが、アラブ側に気がねするイギリス当局の態度に我慢できなくなり、元イギリス将校ポール・ニューマンとアメリカから来て看護婦になったエヴァ・マリー・セイントの尽力で、建国の希望に燃えるイスラエルへ船出する、というオットー・プレミンジャー監督作品」。評点は六五点である。プレミンジャーはユダヤ系だが、気持はわかるものの、気合いが入っているわりには感動は少ない。

ちなみに双葉は『スパルタカス』の評価も低い。七〇点。この一九六〇年のキネマ旬報のベストテン表では、一位（チャップリンの）『独裁者』、二位（ワイラーの）『ベン・ハー』、三二位『スパルタカス』となっており、『栄光への脱出』は、まったくの圏外である。私はといえば、『スパルタカス』にはことのほか感動した。自選のメモではベストテン第二位。六〇年安保闘争時の東京在住のノンポリ学生で、生まれてはじめての、そして、あるいは人生最大の高揚感の余韻をもっていたから、紀元前一世紀の、ローマ帝国の圧政に対しての奴隷反乱に共鳴したのだった。反乱の勃発する瞬間の描写は、演出のスタンリー・キューブリックはむろんのこと、シナリオ、演技、それにカメラも冴えに冴えて、この圧倒的な映画的表現は最高のものだと思ったものである。現在再見しても、このあたりは高ぶった気分で見入ることになる。キューブリック自身がこの自作を評価していないのは有名だが、大作すぎてみずからの個性ある映像をつくれなかったことが不満だったようだ。たしかに「作家主義」を押し出せるような作品ではない。もう一本、キューブリックとカーク・ダグラスが組んだ『突撃』(一九五七年)は、はるかにキューブリックの個性が出ており、力の入ったすばらしい作品である。

ここで指摘しておきたいのは、トランボのシナリオの、どれもこれもが秀作であるとはいえないということである。トランボが匿名で書いているものでは、『ローマの休日』以外では、『黒い牡牛』(一九五六年)はなかなかのもので、トランボ的個性と思想が、それなりに出ている。階級意識もほのみえるヒューマンなデモクラットの作品として評価したい。メキシコでオールロケをした、少年と、やがて闘牛になっていく牡牛イタノとの友情物語である。前半に、牧場主と牧夫との上下の関係から、牧夫の息子である主人公レオナルド少年が無念の思いをしたり、少年の学校の先生が、フランスの植民地から独立して先住民からの最初の大統領となった建国の父ファレスのことを語ったりするところ、この映画の作り手の基本的な史観が表明されている。

何よりもクライマックスの闘牛場のシーンは盛りあがる。名闘牛士と闘牛イタノは、いつまでたっても勝負がつかない。すなわち闘牛士は牛にトドメを刺そうにも刺せないのである。熱狂している七万の観客からイタノの勇猛さを讃えて「恩赦を!」(インダルト=釈放)との声があがり、そ

『黒い牡牛』脚本トランボ（写真：川喜多記念映画文化財団）

れが天にも届く合唱となって、ついに主催者は、インダルトを受け入れて「中止」を宣告する。助かったイタノにかけよって抱きつくレオナルド少年。

観衆＝民衆の大合唱が、事態を切り開くという筋立てのなかにトランボの願いが込められている。あるいは民衆への愛着が読みとれる。ある意味で、この作品にはトランボの思想性が、もっともストレートに出ているのではないかと思われる。単純な物語であり、感情の陰影が深くでているわけではないが、「インダルト！」のなかにトランボはすべてをぶちこんでいる。

『パピヨン』（一九七三年）は力作である。二度目のアカデミー賞獲得。無実の罪で投獄されたスティーブ・マックイーンが執拗に脱獄を繰り返し、一四年かかって遂に成功する筋立てである。屈辱に耐えて、自由を獲得するマックィー

S・マックィーンとD・ホフマン『パピヨン』
(写真：川喜多記念映画文化財団)

ンの姿はトランボに重なるから見る方にも力がはいる。だが長尺すぎていささかのダレがある。実話を基にしたこの脱獄ドラマで、主人公が島流しにされるのは南米仏領ギアナのデヴィルス島であるが、ここはフランスの歴史的な冤罪事件でドレフュース大尉が終身禁固を受けたところである。

映画のなかで、「この石は、ドレフュースが座ったものだ」と敬意をこめての台詞がでてくるが、トランボは、知識としてのドレフュースではなく、お互いに権力によって不当な扱いをうけているという連帯の気分をこめているのかもしれない。前述『マジェスティック』でも、主人公の恋人アデルが、ドレフュースの話をする。作家エミール・ゾラは、ドレフュースは冤罪だから無罪だと主張して、自分も反逆罪に問われながらも闘いぬき、そしてついに勝利する。この姿を描いた『ゾラの生涯』（一九三七年）を観て感動し、弁護士になる決意をしたとアデルが述べる。トランボには関係ないが、『ゾラの生涯』は力作である。

トランボで残るのは、『ジョニーは戦場に行った』（一九七一年）だけであり、渾身の力作である。トランボのシナリオでは、『ローマの休日』に続く第二位を本作と、『黒い牡牛』とで分けることにしよう。あと、『スパルタカス』と『パピヨン』を加えて、ベスト5とする。

トランボは三四歳のときに『ジョニーは戦場に行った』を小説として書き、反戦の心意気を文学にした。そこでライターとしての自信をつけ、シナリオの道に進む。「赤狩り」にひっかか

『ジョニーは戦場へ行った』脚本トランボ（写真：川喜多記念映画文化財団）

るが、それを意地と才気で通り抜け、晩年になって名誉を回復してから自作小説をシナリオ化した。六五歳になってはじめてメガホンをとった。後にも先にも監督作品はこれ一本である。

『ジョニーは戦場に行った』は、現在形をモノクロで撮り、回想をカラーで撮影している。第一次大戦で、手足を爆弾でもぎとられ、顔面も砕かれて物も言えない肉塊となったジョー。この極限状況の青年が収容される野戦病院のシーンは、過去の甘酸っぱいつつましやかな青春とのカットバックで、すぐれたモンタージュがなされている。トランボがシナリオを「物語」として書くだけではなく、映像のイメージを大事にしてつくりあげてきたことを想像させる。たんなるストーリーテリングな物書きではないのがわかる。

軍医たちに人体実験道具にされるジョーを描

くことで、戦争の無残な現実に迫るのは、トランボの思想がシナリオによってうまく消化されているからである。これが創造できたことは、生涯を闘いぬいた映画人として必然であったろう。鮮烈なのはラストである。コミュニケーションのための肉体的機能はなくしたものの、少年時代に覚えたモールス信号で、たったひとつ動かすことができるのは頭部なので、頭を枕に叩きつけて軍医や上官にジョーはみずからの意志表示をする。この発想は新鮮である。戦争で、ただの肉塊にされてしまった人間の、最後の抵抗と主張であり、戦争の残酷さへの告発である。以下は、必死に頭をぶっつけてのモールス信号の内容。

「僕をお祭りの見せ物にすれば、みんなが見に来る。僕を陳列してくれ。僕を見せ物にしてくれ。もし、あなた方が、僕をみんなに見せたくないなら、いっそのこと殺せ。殺せ、殺せ」。苦しみ、回復の見込みなどまったくないことを知るナースが、誰もいないところで「殺してほしい?」と、むろんモールス信号でジョーにただす。「頼むよ」と答えるジョー。やっと地獄の苦しみから解放されるのだ。

四肢を切断され、肉塊になり、思考はできるが喋れない。「僕を見せ物にしてくれ」には、戦争の反人間性に対する極限的ともいえる痛烈な弾劾の意味がこめられている。トランボは、長年月、権力と闘ってきた、その生涯の思いのすべてを、この頭を枕に叩きつけての主張にこめたのである。シナリオライターにして映像作家にもなったトランボの、その融合と統一が、このあたりに見てとれて、国家権力と対峙する宿命をもって生まれてきたような戦士トランボの生涯を知るものにはとりわけ感銘が深い。

この節の最後に、いささか重複するが、先にあげた双葉十三郎『ぼくの採点表Ⅲ』からまた本作の評を抄出しておこう。

「兵士（ジョー＝ティモシー・ボトムズ）が病院のベッドに横たわっている。意識はしっかりしている彼は、父と釣りに行ったこと、出征前夜に恋人と結ばれたときのことなど、懐かしい日々の回想にふける。トランボの演出はぎこちないところもあるが、青春の回想（色彩）と現実（モノクロ）との対照が、主人公の苦悩や恐怖をかきたてる。そして、そのグロテスクと悲惨さのなかから、不思議なほど美しいヒューマニズムがにじみ出ている。これほど強烈な感銘を与えられた作品は、近ごろめずらしい。——これぞ究極の反戦映画」。八五点とある。ちなみに『ローマの休日』も同じ点数となっている。

映画が公開された一九七三年六月であったろうか、私の所属する労働組合の大会議案書の小見出しに、「ジョニーを戦場に行かせてはならない！」とあった。

10　マクレラン・ハンターの名誉回復

『ローマの休日』のシナリオで名義を貸したイアン・マクレラン・ハンターはいわば確信犯としてのトランボ援助であり、ワイラーのサポーターであろう。ハンターは『ローマの休日』のフロント（代理人）としての位置が定着してきた感があるが、私は、この映画には、ハンターがかなりしっかりと役割を果たしたと考える。実際にシナリオにもタッチしているだろうと前述しているが、彼自身もやがてブラックリストに載せられることになった。いや、正直な感想として言えば、ハンターがレッドパージされる気骨をもった映画人であることを知ったことによって、私は、ハンターが『ローマの休日』のシナリオに直接かかわるほどの映画人であることを信じたいと思うようになったのである。彼はハリウッドからパージされてメキシコに逃れるが、また映画、テレビの世界に戻ってくる。

ハンターについては、ハリウッド・テンのひとりリング・ラードナー・ジュニア自伝『われとともに老いよ、楽しみはこの先にあり』（宮本高晴訳　清流出版　二〇〇八年）に詳しい。ラードナーは、ハンターのことを生涯の友とし、ブラックリスティになってからも、ずっと一緒に仕事をしたと書いている。二人が変名で書いた連続ＴＶドラマ『ロビン・フッド』（一九五五〜五九）は「アメリカの若者たちに反体制的姿勢の楽しさを教えることで六〇年代の世相を準備する一助となった」と自負している。ラードナー・ジュニアが回顧録でハンターのことをかなり具体的に書き残してくれたことも、ハンターを知るための重要な資料として、私にはうれしいことだった。

のち一九七〇年にロバート・アルトマンのベトナム反戦の快作『Ｍ★Ａ★Ｓ★Ｈ』のシナリオを書いたラードナーは、ハリウッド・テンで最後まで生き残った人（二〇〇〇年死去）らしい。ハンターもだが、節操を守ったライターだったのである。さらにピーター・ハンソン『「ローマの休日」を仕掛けた男』（村松愛訳　中央公論新社　二〇一三年）には「ワイラーがローマへ携えた送稿はトランボの脚本をハンターが手直ししたものだった」との一節があるのもハンター像を立体的にしてくれる。ただしハンソン著の「原注」欄には、ハンターは単なるフロントにすぎないとの記述もあって、ハンターの本当の役割を判断するのがむずかしいこともつけ加えておこう。

ラードナー書では『ローマの休日』の原稿料は五万ドルとしている。ラードナーの部屋にはずっとトランボとハンターの写真があったというから、ハンターの生涯が、さらにもう少し鮮明に見えてくる。「父は誠実にみずからの人生を生きた」と、後年テレビの世界に進んだイアンの息子が「ノンフィクションW」で語るのを私は見ている。ともあれハンターの名誉回復を私は主張したい。『ローマの休日』は、そういう人間のドラマを映画のなかに秘めるかのように、いま燦然と輝いている。その「心」を忘れるべからず。『ローマの休日』秘史のひとつということになろう。

挫折の苦い思いがあったにしても、ワイラーは『ローマの休日』で甦ったのは確かである。戦後のワイラーのフィルモグラフィを見れば、それは明瞭である。

『ベン・ハー』（一九五九年）は、再見するとワイラー的な繊細さの欠けるいささか陳腐な、しかし堂々たる大作である。作中、ローマ帝国の圧政者が、ベン・ハー（チャールトン・ヘストン）に「反対者は誰だ。名前を言え」と高圧的に迫るのに対して「密告者になれというのか？　同胞は裏切れない」と拒否する。

同性愛を描いた『噂の二人』（一九六二年）でも、子供の噂＝密告から悲劇は始まるが、主人公ヘプバーンが排除されても毅然とした姿勢を終始崩さないばかりか、「噂」に動揺した恋人を許さないという厳格な潔癖さまで描ききっている。『ベン・ハー』『噂の二人』からは、ワイラーが、「密告者」として「非米活動委員会」の軍門にくだらなかったことだけは、はっきりとわかる。

ワイラーの遺作は、『L.B. ジョーンズの解放』（一九七〇年）であり、アメリカの非民主的なものを糾弾し、戦後最初一九四六年の『我等の生涯の最良の年』と、くしくも対応しているように思える。黒人差別を告発した社会ドラマであり、人気俳優など一人もつかわず、ひたすら差別の不条理に斬り込んでいる。ワイラーのアメリカ社会への目は厳しい。マーチン・ルーサー・キング牧師の暗殺は一九六八年で、『L.B. ジョーンズの解放』は一九七〇年の公開作品だから、キング牧師の死から啓発されていることを想像させる。一九七三年度のキネマ旬報の第九位にランクインされていることから推測すると、心ある人は見ていたのがわかる。だがワイラーを正確に理解し、それをアメリカ映画史に価値あるものとして位置づけることをしようとする姿勢が日本の評家には見えないのが残念である。

11　よみがえるハリウッド

「マッカーシズム」「レッドパージ」の嵐など、ある種の極限状況のなかにおかれた人々は、パニックになり、集団的なヒステリーの状態にならねばならなかった。次なる「魔女狩り」が起こる時代を持ってはならない。人間不信を繰り返してはいけない。ここで大切にしたいのは、「ブラックリスト」「魔女狩り」がだいたい収まった時点で、もっとも厳しい試練を克服したダルトン・トランボから発せられた次の言葉である。「赤狩り」の総括的な言葉として貴重である。映画『トランボ――ハリウッドに最も嫌われた男』のラストで、トランボが一九七〇年三月、映画作家協会から名誉ある「ローレル賞」を授与されたときの謝辞スピーチとして使われているが、前述ナヴァスキー『ハリウッドの密告者』に、その原文訳と思われるものがあるので、それを引用しておこう。

「……悪者か、英雄か、聖人か、悪魔か、そんな者を探し出そうとしても無駄です。理由はそんな者はいなかったからです。被害者しかいなかったのです。人によって苦しみの大きさもちがえば、時流にのって羽振りがよくなった人もいれば、凋落の憂き目を見た人もいますが、最終的には私たちは皆被害者でした。例外なしに、ほとんどの人は言いたくないことを言わされ、やりたくないことをやらされ、お互いに求めていないのに傷つけあったのですから。私たちは右であれ、左であれ、中道であれ、誰一人として罪の意識なしには長い悪夢から立ち上がれる者はいないのです」

さらに続いて「寛恕《かんじょ》」の心が云々とナヴァスキーの訳文ではつかっているが、トランボ演説を聴いた出席者にも、この「総括」は甘すぎる、と衝撃を与えたようである。それについては触れない。いや、いちばん果敢に闘ったトランボだからこそ、なるほどと思い、まさに「寛恕《かんじょ》」（心が広く、他人のあやまちを許すこと）として受けとめてもよいと判断する。これはトランボの願いであり祈りかもしれない。

「カムバック」できて、勇者として評価されたことが、トランボにこのような寛容な言い方をさせたともいえる。

映画人が互いに疑心暗鬼になり、ハリウッドが四分五裂し、裏切りと密告が日常となり、互いの人間関係が不安定になって、負の連鎖が拡大した。それを時の権力者が冷徹にみていたにちがいないということをまず確認しなければならない。『グッドナイト&グッドラック』のなかで、エド・マローは、「〈危険な本〉を読まず、〈異端の友人〉を持たず、〈変革〉ということに興味を持たないものがいるのなら、それこそマッカーシーが望むような人間だ」と言ったのを紹介したが、支配者は、そんな無害な人間が育つのを望んでいる。かりに〈変革〉に興味を持つ人たちがいても、彼らの集団が、限りなく四分五裂すれば、世界一の超大国になったアメリカの支配

層は、反ソ反共の国策を遂行するのにきわめて都合がよかった。ソビエトや中国を仮想敵国として、一戦まじえねばならないかもしれないときに、国論が割れていては困ると言えば、それなりの説得力をもつ。日本の軍国主義時代のことを考えれば、いかに巧妙に支配していたかがよくわかるはずである。

支配層にとっては、ドミトリクもカザンも同じ転向者である。どちらの転向度が大きいか小さいかなどは些末である。やはりトランボが言うように、赤狩りに狙われた者は、いや国民はすべて被害者であり、受難者であり、犠牲者なのである。被害者同士が、争っていても、どこにも道は開けてこない。

負の連鎖の拡大を企図した者がいたわけであり、そのようにしむけた支配と資本の論理があり、国家意志が働いた。戦争勃発も想定内としたい国家の都合もあるだろう。彼らの手の平の上で踊らされていた者は、みんな「犠牲者」である。しかし、国民を踊らせていた大きな支配の力を免罪にはできない。トランボの、みんな「犠牲者」というのは、あまりにも大雑把であり。疑問なしとはしないし、なおかつ支配と非支配の非情な論理が貫徹していたことを忘れてはならない。ここでの支配の論理と倫理観は許してはならないのである。

赤狩りをトランボなどが突破していき、ハリウッドが復活するのは、すぐれた映画をつくり、観客が支持し、観客層が拡大していったからではないか。ハリウッドは、映画資本も、撮影所で働く者も、そこによみがえりの道をみつけたというべきだろう。カラー映画の急速な普及があり、シネマスコープしかり、超大作づくりしかり。そしてもっとも決定的なのは、すぐれた映画が観客を呼びよせ、観客が才能ある映画人を必要としたことであろう。アメリカの大手映画資本は、撮影所主義であり、それぞれが自分の巨大なスタジオをもち、プロデューサーも監督も脚本家もカメラマンもその他の裏方も、そしてスター俳優や彼を支える演技者も、すべて抱えていた。それらがそろってプロの仕事をすることによってよい作品をつくることができたのである。そのためには、才能あるプロフェッショナルな人間集団が必要だった。すぐれた映画はすぐれた映画人によって創造される。逆に反共だけを目的とした『鉄のカーテン』(一九四八年)、『赤の脅威』(一九四九年)等々の作品があったそうだが、質も悪く、興行成績もよくなかった。あまりひどい企画には、監督や俳優が参加をこばんだともいわれる。これでは映画資本も困るのである。

繰り返そう。さしあたって一九四七年一〇月、「第一修正条項委員会」を支持した俳優たちだけを再掲してみよう。ハンフリー・ボガート、ローレン・バコール、カーク・ダグラス、バート・ランカスター、ダニー・ケイ、ジーン・ケリー、シャルル・ボワイエ、ジョセフ・コットン、エドワード・G・ロビンソン、ポーレット・ゴダード、フランク・シナトラ、リタ・ヘイワース、マーナ・ロイ、ジョン・ガーフィールド、ウィリアム・ホールデン、グレゴリー・ペック、ヘンリー・フォンダ、キャサリン・ヘプバーン、フレドリック・マーチ、スターリング・ヘイドン、ジュディ・ガーランド、エヴァ・ガードナー……、まさにきら星のごとしである。ここでは大スターだけを挙げたが、彼等を支える巨大な映画産業にたずさわるプロフェッショナルを抜きにして一九五〇年六〇年代のアメリカ映画の隆盛を考えることができるか。答えは、……ハリウッドは彼らを必要としていたのだ。

そのことは同じ一九五〇年代に日本が五社ないしは六社体制といわれるなかで、大手会社が群雄割拠するように競争して日本映画の黄金時代をつくったのを思い起こせば大体の想像はできる。すぐれた映画人がすぐれた映画をつくるのである。映画人と映画づくりは相互関係でもある。人材を失うことは、ハリウッドにとって損失である。ジョン・フォードを筆頭に自由に映画を創り出していく。ワイラーは、『ローマの休日』のあとに、パラマウント映画からおとがめなど一切受けずに、次作もまたパラマウントで『必死の逃亡者』を撮ることができた。ワイラーは必要とされたのである。

『ローマの休日』はヒットした。興行成績が資本の論理を決定する。レスター・コーニッグのことをすべて知っていたパラマウントは、コーニッグを追放することだけで、ワイラーの責任は不問に付した。ワイラーを罰することなどできなかった。そして以後も『大いなる西部』や『ベン・ハー』の大作で気を吐くことになった。このような映画人の活躍がなければハリウッドは甦らなかった。一九七〇年代からのコッポラ、スピルバーグ、ルーカス以後の大作主義を含む新しい映画世代の出現は、大国主義のアメリカを誇大宣伝するようで、支持できないものも多い。バイオレンスとＳＦの誇大化は、手作りのすぐれた小品をブルドーザーで踏みつぶしていくようで、フォードやワイラー世代とは異質になっていくが、若い世代が映画に求めるものがちがってくるわけで、本書の叙述の世界を超えてしまう。

イギリスからやってきたアルフレッド・ヒッチコックの『北北西に進路を取れ』（一九五九年）、エルンストン・ルビッチの弟子筋ビリー・ワイルダーの『アパートの鍵貸します』、男性映画の雄ハワード・ホークスの『リオ・ブラボー』（一九五九年）、『マルタの鷹』から出発したジョン・ヒューストン、『シェーン』などで気を吐くジョージ・スチーブンス、やがて『ウエスト・サイド物語』（一九六一年）『サウンド・オブ・ミュージック』などで花開くロバート・ワイズ。『旅情』（一九五五年）あたりから次第に『戦場にかける橋』『アラビアのロレンス』などへの大作になっていくデビッド・リーン。カーク・ダグラスが『突撃』で目をつけて『スパルタカス』から『二〇〇一年宇宙への旅』（一九六八年）へとすすむスタンリー・キューブリック等々、アメリカ映画は赤狩り時代を乗り越えていく。

🎥

たとえば、ジーン・ケリーの『巴里のアメリカ人』（一九五一年）をはじめとした五〇年代のMGMミュージカルの黄金時代の到来はやはり大きな収穫である。『ウエスト・サイド物語』以前のミュージカルには、無思想なハッピーエンドで資本主義謳歌という批判も成り立つが、そこが主要な側面ではなかろう。『雨に唄えば』を嫌いな映画ファンはいない。ジーン・ケリーがリベラル派の先頭に立っていたことは誰もが覚えている。蓮實重彦は、ジーン・ケリーもブラックリスはやっていけなかったろう。

その他、五〇年代にスターダムにのしあがってくるスターたちの多くは、反「非米活動委員会」組である。それは、本書で挙げてきたスターの名前を思い出せば納得できるはずである。あえて繰りかえすが、彼らの名前を全部消してしまって五〇年代以後のハリウッドは成り立たなかった。すぐれたエンターテインメントはできなかっただろう。彼らがテレビに押されてくる時代に、ハリウッドを復興させたのである。中央の政治に多少の異論をもつ映画人がいても、彼らが金の卵を産んでくれるタレント（才能）であれば、資本の論理も目をつぶる。映画資本と映画人は、相互の関係で成り立っている。

マーチン・スコセッシの『タクシー・ドライバー』（一九七六年）になると、もう「赤狩り」時代を知らない新しい時代を感じさせる作品群となってくる。シドニー・ルメット『十二人の怒れる男たち』（一九五七年）あたりからはテレビの人材も入ってくる。アメリカ映画界は、テレビにくわれてしまうのではなく、テレビで育った才能をうまく映画振興に転化するなどして共存を成功させた側面もあったといわれる。

戦前に気を吐いたフランス映画は、その雄であるマルセル・カルネが老い、『禁じられた遊び』（一九五二年）のルネ・クレマンあたりを最後にして次第に影を薄くし、ヌーベルバーグが出て来るのを待たねばならない。イタリア映画もロベルト・ロッセリーニ、ヴィットリオ・デ・シーカ、ルキノ・ヴィスコンティの「ネオリアリズム」のあとを継ぐものはない。イギリスのキャロ

カ、ルキノ・ヴィスコンティの「ネオリアリズム」のあとを継ぐものはない。イギリスのキャロル・リードは『第三の男』で気を吐くが、アメリカ映画資本に走らざるをえなくなり、その才気はしぼんでいく。ハリウッドは、反マッカーシー気分の人材をかなりの部分までかかえて再起していき、「赤狩り」の時代を大きく飲み込んでしまう。

負の遺産を教訓にして、同じあやまちを繰り返させてはいけない。本書の著者としての私は、トランボがいう「犠牲者だけ」しかいないような時代を再来させてはならないと切に思う。友情がずたずたになる世の中は肯定できない。裏切りや密告なんてとんでもない。排除の論理がまかり通る社会をつくってはいけない。その思いが、この著を書かせた。海を越えた遠い国のことだけを考えていたのではない。アメリカ民主主義は大事である。が同時に、私たちの国も、本物の民主主義、立憲政治、人権の確立等々があまねくゆきわたる平和な国にしていくための圧倒的多数の主権者の不断の努力がいまこそ必要なのだと痛感する。

ワシントンＤＣには「人民による人民のための人民の政治」と言ったリンカーン記念館がある。凶弾に倒れても、リンカーンとその言葉の意味は、アメリカ人のハート&マインドには、いつまでも政治のあり方、生き方の指針としてのこっているにちがいない。

また「人間は平等であり、生命、自由、幸福の追求を含む不可侵の権利を与えられている」と書いた独立宣言のジェファーソンの記念館も近くにある。この宣言には、現代に、そして未来に生きる人類に、犯すべからざる絶対的な権利があることを教えてくれる。同時に、それは守り育ててこそのものであることも私たちに語りかけている。

二つの記念館は一〇〇〇メートルぐらい離れているだろうか。それを直線で結んだちょうど真ん中あたりに、人間の平等を説いた黒人のマーチン・ルーサー・キング牧師の大きな像が二〇一一年に建てられた。同じアフリカ系アメリカ人で初めてアメリカ合衆国の大統領になったバラク・オバマが、就任三年目に、その建立記念式典に参列していることもまた私たちの心に銘記しなければならないだろう。キング牧師は「私には夢がある」で有名な、公民権運動の指導者であり、そして戦闘的なデモクラットである。「私には夢がある。いつの日か、あらゆる凸凹は平らになり、曲がった道はまっすぐになり、すべての人間が栄光を共にするという夢がある」。こんなアメリカを私は信じたい。そしてそんなアメリカには、私たちの国も学ぶべきものは多い。

「あとがき」にかえて

日本では一九七四年公開の『追憶』は、マーヴィン・ハムリッシュ作曲の主題歌〝The Way We Were〟が全編バックに流れて情感を盛りあげ、音楽に無頓着な私でも聴くと懐かしい。アカデミー歌曲賞を獲得していることもあって日本でもヒットした。洋画部門配給収入第一五位である。バーブラ・ストライサンドとロバート・レッドフォードの、学生時代から、恋愛、結婚、出産、別離、再会、そして最後の別れを描いたラブロマンスであるが、表面の愛の物語のバックに、ルーズベルト時代と、彼の死後一〇年のアメリカ政治史が描き出され、硬軟入り組んだ不思議な作品である。監督はシドニー・ポラック。

冒頭近く、ニューヨーク。ケイティ（ストライサンド）は、大学キャンパスでの平和集会で演説する女性闘士である。第二次大戦直前の一九三六年か三七年。「今、何千というスペイン人民が、爆撃や銃撃で虐殺されております！　人民に対して援助を送っている国はただひとつ、それはソ連です。……ヒトラーやムッソリーニはスペインの大地を、この次の戦争のための実験場にしている……」。聴衆の学生から「モスクワへ帰れ！」と野次が飛ぶが、動じるケイティではない。

B・ストライサンドとR・レッドフォード、『追憶』
(写真：川喜多記念映画文化財団)

彼女の小さい部屋には、ルーズベルトとともにレーニンの写真が貼られているのだ。第二次大戦がはじまるとレーニンの写真に代わってスターリンの肖像となる。「人間を遠くから見ているだけ」のようなノンポリ・リベラルで小説家志望の同級生ハベル（レッドフォード）は、ルーズベルトが大戦に参戦決意しないのは理屈に合わないと、ケィティを冷やかしたりしているうちに、いつか二人は結ばれる。

やがて反ファシズムで第二次大戦に参戦するルーズベルトはケィティにとっては、英雄でもあり、神でもあった。一九四五年四月、勝利を目前にルーズベルトが死去したときの様子がワンシーンだけ映されるが、国民が哀悼の意を表する気分がよく表れており、ルーズベルトが、ともあれ、ケィティだけの英雄ではなく、国民の信頼がいかに厚かったかを表しており、貴重な歴史的瞬間を劇映画に取り込んでいる。

戦後、ハベルがハリウッドの脚本家として独立し、妊娠したケイティも同行する。ところが、またたく間に「非米活動委員会」が暗躍する時代の到来になる。むろんケィティたちは反対するが、ハベルは微温的である。この映画のなかでもっとも衝撃的なのは、ハリウッドの赤狩り反対派の彼らが集まって、ハリウッッド・テンを助けなければならないと酒盛りしながら議論しているとき、壁に掛けてある「絵」が破れて、その裏に、盗聴器が仕掛けられているのが見つかるシーンである。怒りながらもおどけたひとりが、盗聴器に向かって「モシモシ聞こえますか？　絵の損害はアメリカ政府に賠償を請求するよ」と抗議する。だが、そこにいた映画人は「急に恐怖に襲われて立ち去っていく」。

ハベルが言う。「魔女狩りなんか、したいようにさせておけ！　きみやぼくが大事だ。理屈はないッ」。対するケィティは「あなたは私に、眼をつぶれと言うのね！　皆が破滅しても、あなただけ職があればいいのね！」と応ずる。結局、ちがいは埋められず、子どもまでなしながら二人は別れていく。

そして数年。赤狩り時代はほぼ終わり、二人は街頭で再会する。ハベルはハリウッドの映画人としてどうにか自立している。対するケイティは、政治の民主化と世界の平和にこだわり続け、仲間といっしょに街行く人に呼びかけている。「水爆禁止！　何万のアメリカ市民が、今、水爆の製造と使用に抗議しています！　今日すぐ国会議員に手紙を書きましょう…」。バックの壁面いっぱいに〝BAN THE BOM〟（原爆反対）のポスターが貼ってあって映画は終わる（「キネマ旬報」No.627特別決算号掲載シナリオ）。

この映画の公開当時、川本三郎は「東部エリートの被害者意識のみ旺盛」なのがよくないと切って捨て、小藤田千栄子は「ケィティのバカ正直をとります」と言って最高点を入れている（「キネマ旬報」No.651）。

私はといえば、公開当時は、ハベルの敗北の気分を丁寧に描いていないと感じたし、ラブストーリーの単なる時代背景として、人民戦線、赤狩り、原水爆禁止を見ていた。再見して見誤っていたことに気づく。ニューディール派が第二次大戦を戦い抜き、戦後の赤狩り時代に、ルーズベルト的リベラルなアメリカが敗れていくアメリカ現代史がむしろ映画の中心のように感じられた。時代に翻弄されながらも、意志を貫徹する少数派（ケィティ）と、時代に流されて生きる多数派（ハベル）の人間図を描いたものと受け止めた。川本はユニークであり、小藤田の短評は的確であるが、映画としての弱点はあっても、よくぞこの時期に、甘酸っぱいラブストーリーを装ってアメリカ史を通観したものだと私は感じいった。ケィティのなかにアメリカの希望を見たいと思った。赤狩りとその時代背景が、これほどよくわかる映画はないようにも思える。貴重な作品である。

さて、長文を書き終えての雑感。あれもこれも書いておかねばとの思いが強く、間口をひろげすぎたかもしれない。私は、マッカーシズム時代のチャップリンと、ワイラー&トランボの『ローマの休日』は、底部で目に見えぬつながりをもつと思い続けてきたので、それを書いておきたかった。

まずチャップリンの『独裁者』から『殺人狂時代』への変貌は明確にしておかねばならないと思った。そして、とりわけ『ローマの休日』周辺は、新しい事実が少しずつわかってきているのだから、監督ワイラー像も塗り替えなければならないとの思いが切実だった。根っからの民主主義者ワイラーは、赤狩りに抵抗し、敗北し、沈黙し、絶望し、しかし親しい映画人仲間に支えられて、新しい光が見えてきて、再起をはかる。その仲間には、トランボは別格にしても、ブラックリストに載せられている人物もいた。彼らの協力を得ることで『ローマの休日』をすぐれた作品にできるとのワイラーの決意は揺るがなかった。危険を承知でワイラーはローマに出かけた。そんなことが赤狩り時代のワイラー作品を検討し、ワイラー周辺の未邦訳の資料を少しあさると見えてきた。「冬の時代」に強靱な作家性を堅持した根っからのリベラリストであるワイラーは、再検討されなければならないと改めて痛感した。

ワイラーがローマで立ち直り、時を同じくして、チャップリンはアメリカを追われながらも、みずからの反戦平和の思いが、「絶対平和」という戦争の全否定であることとの確信を深めていく。チャップリンは自分を追放したアメリカの再生を願って、たぶんアメリカの赤狩りを真正面から批判した最初の映画『ニューヨークの王様』を一九五七年につくる。

『ローマの休日』を作り上げる映画人の力と、チャップリンの孤軍奮闘は、別々の営為のようにみえるが、実は、アメリカ民主主義の危機である赤狩りの時代のほころびを明確にする契機を作りだしたように思える。アメリカ民主主義の底力があってのことである。そんな時代のアメリカやハリウッドの映画事情が多角的説得的に叙述できておれば、本書を書いた意味はあったと思いたい。

それにしても、アメリカ映画史に輝くウィリアム・ワイラーが二一世紀になって忘れられている。ワイラーが世を去った一九八一年、心のこもったワイラー追悼は、ほとんどなかった。生誕一〇〇年の二〇〇二年に、日本でどのような記念行事というか回顧上映などが行われたかを私は知らない。この年、ビリー・ワイルダーが九五歳で没するが、キネマ旬報（No.1356）は、なんと三〇ページにわたって追悼特集を組んでいる。

その頃からワイラーについて、映画ジャーナリズムは触れなくなった。『ローマの休日』の監督としては、多くの人々に知られているが、それも、実はシナリオはトランボが書いたものでしたとか、ヘプバーンを起用した監督として、添え物のように取り上げられるだけである。ワイラーは、アメリカ映画史をつくってきた最有力の一人なのだ。彼のアメリカへの思い、民主主義へのまなざしを、明確にしなければならないはずなのに、少なくとも日本では、ワイラーはすみっこにおしやられている。ましてやハリウッドの赤狩りと闘って苦しんだデモクラットとして見ようとする人は少ない。

もうひとつ加えるなら、ワイラーは、「暴力」から「非暴力」へという点で、チャップリンがたどった「戦争の肯定」から「すべての殺人の否定」へと進んだのとよく似た過程で、苦悩した映画作家でもある。偶然であるにはせよ、二人が「暴力」「殺人」「戦争」といかに対峙したかを、ここではワイラーの側から簡単に確認しておきたい。

ワイラーは、『ミニヴァー夫人』（一九四二年）で、家庭に侵入してきたドイツ軍敵兵に、ヒロインは生命の危機を感じながらも、反撃のチャンスがきたとき、撃ち殺すことをさせなかった。『必死の逃亡者』（一九五五年）では、脱獄囚が拳銃をもって家庭に押し入ってくるが、家人はピストルから弾丸を抜いてから、脱獄囚に退去を迫った。自衛のためには闘う姿勢を示さねばならぬと考えたからであるが、脱獄囚といえども殺すことには躊躇した。南北戦争時を背景にした『友情ある説得』（一九五六年）は「非暴力主義」が中心的テーマであり、南軍の暴虐に対して非暴力を唱えるクエーカー教徒の父親は、敵兵を撃ち殺すことができなかった。だが同じ教徒ながら息子は撃たなければ殺される状況のなかで南軍兵を撃ち殺した。『大いなる西部』（一九五八年）は主人公グレゴリー・ペックは最後まで人間を的にしての殺傷にはくみしない殺人否定者であった。平和的な交渉で対立の解決策を模索する姿勢を堅持した。『友情ある説得』と『大いなる西部』で、相手が暴力行使するにもかかわらず、主人公は発砲して対峙することを拒否したことなどは特筆しておかねばならない。『ベン・ハー』の主人公が、「何かされたにせよ、殺す権利はない」

とさりげなく言い切っているのも記憶しておきたい。『L.B.ジョーンズの解放』(一九七〇年)では、差別主義者の警官を、黒人青年は、最初、復讐を兼ねて殺すつもりだった。だがそれを思い留まる。ところが、あまりにも暴虐な警官、そしてそれを露骨に隠蔽する警察や弁護士に怒りを再燃させて殺してしまう。やむにやまれぬ殺人としてワイラーは、黒人青年の祈りをラストに描くことで擁護している。

これらの作品でワイラーは、人が人を殺すことが許されるのかという問いに、迷いながら、非暴力を可能な限り模索する姿勢を堅持し、ともあれ機械的な答えを出すことができないとした。言い換えれば、たとえ自衛のためとはいえ人が人を殺すことが許されるのかとの迷いと悩みを描いたと言ってよい。暴力から非暴力へとチャップリンが一直線に突き進んだのに対して、ワイラーは、チャップリン的志向と似た過程を歩みながらも、その時々の状況によって判断を変えざるを得ないのが現実的であるとしたように思える。極限状況における「人が人を殺す」ことの是非を問うているわけで、世界映画史のなかで、この問題を複数の作品で模索したという点で、ほとんど例のない良心性を持っている。チャップリンもワイラーも、戦中から戦後にまたがっての苦しい時代における思索と決断を迫られていたことにも留意しなければならない。人間が虫けらのように殺戮されるのを躊躇なく描く二〇世紀後半から新世紀へかけての傾向とはかけ離れた倫理観を堅持しているように思える。チャップリンとワイラーをつなぐ線が、こんなところにもあるのを知っておかねばならない。ワイラーには無動機ともいえる異常な誘拐から、結果的には殺人に通じる心理サスペンスの特異な作品『コレクター』（一九九六年）があることも視野に入れつつ、ワイラーの再点検、あるいはチャップリンとともどもの系譜がアメリカ映画史のなかでどのように受け継がれていったのか、あるいはいかなかったのかを考察する必要がある。

ひるがえって日本は、二〇一七年、「共謀罪」法案が通った。これはマッカーシー旋風下のハリウッドのことどもを思い出させる。テロ対策を口実に、あの監視と裏切りと密告、そして盗聴の時代が、私たちの国にも到来する不安を感じさせる。それは戦前の治安維持法体制の再来を意味するだろう。人と人とが信頼できない雰囲気を、国家が強引に作り出すのはさけなければならない。

ただし日本の政治情勢にふれるには、私はあまりにも素人なので、共謀罪法に先立つ二〇一三年の秘密保護法の成立、二〇一四年の集団的自衛権の行使容認、二〇一五年の安保法制の成立等々については、日本の民主主義にとって「戦争放棄」の否定に通ずる危惧があるという思いをもちつつ、直接的に言及することはなるべく避けた。主観的叙述が多いとはいえ、本書は、アメリカの戦後映画界がいちじるしくデモクラシーの精神を逸脱した一時期一側面をとらえて、民主主義擁護、リベラルなデモクラットの復権を主張したものであり、それ以上のものでも以下でもないことを確認しておきたい。

今春、「九条の会」から依頼を受け、「チャップリン、『ローマの休日』、そしてアメリカ民主主義」というテーマで話すことになった。二回、人々の前に立った。思いがあふれて的確に語れなかった。この書は、三重県津市で話したときのレジュメの準備から出発して、それがワイラー再論を中心にしたものになっていった。まとめるのに半年余を要し、タイトルも少し変えた。半世紀以上も前のハリウッド映画人の民主主義擁護の闘いが、現代日本の、民主主義確立を願う人たちの気持にそったものになっておれば、私の映画史叙述のもうひとつの意図にも添うことになる。

九条の会で奔走する旧知の木塚晴三さんが、講演録を大きくふくらませる著作があってもよいだろう、書けるときに書いてみてはと励ましてくれた。長電話のおしゃべりで鬱憤晴らしをしあう島田純子さんが、「老いと病が追っかけてくるから、今でしょう」と背中を押してくれた。二〇年もの間、面倒をみてもらっている大月書店編集部の松原忍さんに、いつものように無遠慮に拙稿を送りつけて、「久しぶりの吉村節《ぶし》かも」と掬《すく》いあげてもらった。読書、DVD鑑賞、執筆等々を口実に私は家事をさぼり続けており、要するに閉じこもりの私を長年月苦笑しながら黙認し支えてくれている妻・恭子にも感謝の気持を表明しなければならない。

二〇一七年九月九日

吉村英夫

著者略歴

吉村英夫（よしむら・ひでお）

1940年三重県生まれ、早稲田大学教育学部卒業、三重県にて高校教員。三重大学非常勤講師、愛知淑徳大学教授を歴任。著述業、映画評論家、日本文学協会会員、映画人九条の会会員。

主な著書 『ローマの休日──ワイラーとヘプバーン』1991年 朝日新聞社（のち文庫化）／『一行詩（往信）父よ母よ』『一行詩（返信）息子よ娘よ』1994年 学陽書房／『完全版〈男はつらいよ〉の世界』1997年 集英社／『誰も書かなかったオードリー』（＋α文庫）2001年 講談社／『放浪と日本人──寅さんの源流をさぐる』2005年 実業之日本社／『山田洋次を観る』2010年 （株）リベルタ出版／『山田洋次と寅さんの世界』2012年 大月書店／『伊丹万作とその系譜──異才たちの日本映画史』2015年 大月書店／『愛の不等辺三角形──漱石小説論』2016年 大月書店

カバーデザイン　如月舎・藤本孝明
本文 DTP　編集工房一生社

ハリウッド「赤狩り」との闘い
『ローマの休日』とチャップリン

2017年11月15日　第1刷発行
2018年 9 月21日　第2刷発行

定価はカバーに表示してあります

◉著者──吉村英夫
◉発行者──中川　進
◉発行所──株式会社　大月書店
〒113-0033 東京都文京区本郷 2-27-16
電話（代表）03-3813-4651
振替 00130-7-16387・FAX03-3813-4656
http://www.otsukishoten.co.jp/
◉印刷──太平印刷社
◉製本──中永製本

ISBN 978-4-272-61235-2 C0074　Printed in Japan

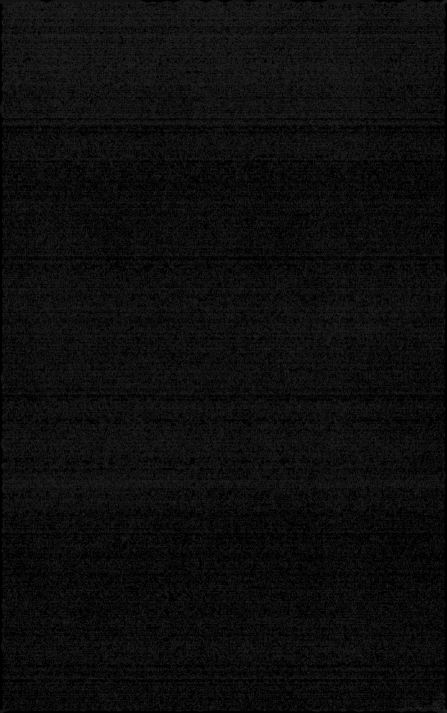